O FATOR HUMANO

O FATOR HUMANO
CHRISTOPHE DEJOURS

Tradução
MARIA IRENE S. BETIOL
MARIA JOSÉ TONELLI

5ª EDIÇÃO

FUNDAÇÃO GETULIO VARGAS
EDITORA

ISBN 85-225-0221-8

Copyright © Presses Universitaires de France, 1995

Tradução de Le facteur humain, de Christophe Dejours, publicado como parte da coleção Que sais-je?

Direitos desta edição reservados à
EDITORA FGV
Rua Jornalista Orlando Dantas, 37
22231-010 — Rio de Janeiro, RJ — Brasil
Tels.: 0800-021-7777 — 21-3799-4427
Fax: 21-3799-4430
e-mail: editora@fgv.br — pedidoseditora@fgv.br
web site: www.fgv.br/editora

Impresso no Brasil / Printed in Brazil

Todos os direitos reservados. A reprodução não autorizada desta publicação, no todo ou em parte, constitui violação do copyright (Lei nº 5.988).

Os conceitos emitidos neste livro são de inteira responsabilidade dos autores.

1ª edição — 1997; 2ª edição — 1999; 3ª edição revista e ampliada — 2002; 4ª edição — 2003; 5ª edição — 2005; 1ª reimpressão — 2007; 2ª reimpressão — 2009; 3ª reimpressão — 2011; 4ª reimpressão — 2013; 5ª reimpressão — 2017; 6ª reimpressão — 2020; 7ª reimpressão — 2023.

Revisão de originais: Clóvis A. M. Moraes

Revisão: Aleidis Beltran e Fatima Caroni

Capa: Inventum Design e Soluções Gráficas (baseada no cânon de porporções de Leonardo da Vinci)

Ficha catalográfica elaborada pela Biblioteca
Mario Henrique Simonsen/FGV

Dejours, Christophe
    O fator humano/Christophe Dejours; tradução Maria Irene Stocco Betiol, Maria José Tonelli — 5 ed. — Rio de Janeiro: Editora FGV, 2005.

    104p.

    Tradução de: Le facteur humain.
    Inclui bibliografia.

    1. Qualidade de vida no trabalho. 2. Satisfação no trabalho. 3. Psicologia individual. 4. Ética e trabalho I. Fundação Getulio Vargas. II. Título

CDD-331.012

Sumário

Apresentação   7

Introdução à edição brasileira   9

Prefácio   13

Introdução   15
Orientações da pesquisa sobre o fator humano: questões iniciais   16
Orientações da pesquisa sobre o fator humano: encaminhamentos de investigação   17
Identificação dos pressupostos teóricos nas duas orientações de pesquisa sobre o fator humano   21

PARTE 1
Análise crítica dos pressupostos da pesquisa sobre fator humano: problemas teóricos   27

Capítulo 1 — O Conceito de Tecnologia   29
Concepção comum da técnica e noção de falha humana   29
Concepções psicossociológicas e noção de recurso humano   32
Antropologia das técnicas e crítica dos pressupostos do senso comum   34

Capítulo 2 — Da Tecnologia ao Conceito de Trabalho   39
O real como conceito: a abordagem da ergonomia   40
Para uma outra definição do trabalho   42
Noção de "atividade subjetivante": abordagem da etnografia industrial   43
Real do trabalho e inteligência astuciosa: abordagem da psicologia histórica   45

Capítulo 3 — A Concepção de Homem: Modelização Individual ou Modelização Coletiva? Abordagens da Sociologia da Ética e da Psicodinâmica do Trabalho   49

Paradoxos da inteligência da prática   50
A visibilidade e o problema da confiança   52
Formas de julgamento do trabalho   54
O reconhecimento   55
Arbitragem e cooperação   56
Fator humano e espaço de discussão   57
Trabalho e ação   61

PARTE 2

Problemas epistemológicos colocados pela noção de fator humano   63

Capítulo 1 — Teoria da Ação e Crítica da Racionalidade   67
As três formas de agir   67
O agir comunicativo   71

Capítulo 2 — As Ciências Humanas e sua Divisão Interna   73
As leis   74

Capítulo 3 — Ciências Empírico-Analíticas e Ciências Histórico-Hermenêuticas   79

Capítulo 4 — Relações entre Ciências da Natureza e Ciências do Espírito   83
A concepção de Ricœur   83
A sociologia da ciência   85
Davidson e a pesquisa sobre a verdade   87
Anscombe e a "verdade prática"   89
Conclusão   91

Epílogo — Incidências da Análise Teórica e Epistemológica dos Pressupostos da Pesquisa sobre o Modelo de Homem nas Concepções do Fator Humano   93
Conseqüências da análise teórica   93
Conseqüências da análise epistemológica   96

Referências Bibliográficas   101

Apresentação

"Fator humano" é a expressão usada por engenheiros, engenheiros de segurança de sistemas, projetistas, engenheiros de higiene e segurança do trabalho e especialistas em segurança das pessoas e instalações para designar o comportamento de homens e mulheres no trabalho. O fator humano é freqüentemente invocado nas análises de catástrofes industriais (Chernobil, Bopal...), acidentes com trens, petroleiros ou aviões, acidentes de trabalho etc., bem como em processos em curso na Justiça ou nas "comissões de sindicância". Em geral, à noção de fator humano está associada a idéia de erro, falha, falta cometida pelos operadores.

Mas essa concepção pejorativa do homem apóia-se tanto em uma confiança absoluta na ciência e na técnica quanto em certo desconhecimento das ciências humanas e das ciências do trabalho. Este livro recapitula os principais progressos realizados no campo das ciências humanas no trabalho, graças aos quais deveria ser possível formular uma doutrina do fator humano mais multifacetada do que a proposta dos anos 50 acerca da escola dos *human factors*.

Introdução à Edição Brasileira

Christophe Dejours é um autor que nos últimos 10 anos teve diferentes livros e trabalhos publicados no Brasil, dispensando apresentações principalmente para aqueles que se dedicam às ações preventivas em saúde mental no trabalho, mas também para muitos dos que atuam com as questões humanas nas organizações.

Este livro surge em momento especialmente oportuno no Brasil. Por um lado, porque já se ampliaram reformulações técnicas e organizacionais tidas como favorecedoras da modernização e da excelência. Por outro, porque já emergem agudas preocupações referentes à atenção merecida pela dimensão humana nas mesmas reformulações, a partir da difusão de notícias sobre experiências fracassadas nas quais a falta de atenção ao assunto seria responsável pelos resultados negativos.

O livro deve atender também os interesses daqueles que, dedicando-se mais especificamente às questões de saúde e segurança no trabalho, vivenciam particular inquietação ante a defasagem que percebem entre os conhecimentos tradicionais de prevenção e as rápidas transformações em curso no mundo do trabalho.

A leitura facilitará a compreensão de determinados riscos que hoje estão correndo as metas de qualidade traçadas pelas empresas. Mas a reflexão sobre as análises feitas por Dejours também permitirá identificar caminhos novos para superar as dificuldades e ao mesmo tempo delinear alguns desafios especiais presentes no contexto brasileiro.

Dejours parte da análise crítica de um conceito amplamente utilizado — *fator humano* —, apontando como o *reducionismo* e o *cientificismo* com que esse conceito tem sido apresentado fizeram esquecer aspectos de natureza ética e política. Em suma: a *complexidade humana* não pode ser resumida como "fator humano". Não se trata de uma questão retórica, mas sim de aspectos conceituais que se tornam essenciais tanto para o respeito à condição humana quanto para o desenvolvimento da empresa. Dejours assinala a importância da correspondência entre a construção integrada do *conhecimento* referente à *inter-relação complexidade humana/trabalho* e a efetivação de *pesquisas* e *práticas* (administrativas e preventivas) coerentes ao mesmo conhecimento.

Desse modo, fica claro que equívocos teóricos podem conduzir a graves decorrências tanto para a produtividade quanto para a vida. Por exemplo, dissociar *qualidade, segurança* e *promoção de saúde* provoca fraturas em um conjunto profundamente integrado de componentes referente aos seres humanos em situação de trabalho. Tal integração precisa ser mantida, tanto no plano conceitual quanto no do planejamento e da prática cotidiana, abrindo perspectivas para a valorização do ser humano integral, pois *valorização* pressupõe aqui respeito à integridade e aos limites da condição humana, construção de laços de confiança e de reconhecimento — o que significa também promoção da saúde, que por sua vez inclui a segurança no trabalho. O autor detalha a dinâmica na qual, ao mesmo tempo, criam-se componentes psicoemocionais favoráveis ao comprometimento, à participação cooperativa e à criatividade.

Dejours questiona também a idéia tradicional de que, do ponto de vista epistemológico, as ciências aplicadas subordinam-se às chamadas ciências fundamentais. Seu argumento é poderoso: como seria possível, nas situações reais de trabalho, examinar condutas concretas tomando como referência comportamentos ideais presumidos a partir de teorias? Remete-nos assim a uma reflexão essencial que parte do reconhecimento da *incompletude* do conhecimento científico existente sobre a complexidade humana em situações de trabalho e que nos exige uma sensibilidade constantemente aberta a observações e vivências do cotidiano.

Portanto, já não existe dúvida de que a rapidez e a complexidade das transformações contemporâneas do trabalho tornaram ultrapassado o conhecimento científico armazenado e compartimentado em diferentes disciplinas. Atualmente, configurações inesperadas desafiam as capacidades humanas de interpretação e tomadas de decisão participativas nos contextos do trabalho sofisticado. Essa conclusão é de ordem prática e aponta para a importância de contar com pessoas permanentemente dispostas e preparadas para enfrentar e superar imprevistos.

Não é fácil explicar o que significam essa *disposição* e esse *preparo*. Trata-se, por um lado, de oferecer capacitação mediante conhecimentos, treinamento e experiências supervisionadas; e, por outro, de manter em alerta todas as percepções. Mas, precedendo tudo isso, há que garantir as condições sociais e psicoafetivas favoráveis à mobilização das inteligências que irão se defrontar, no trabalho moderno, com essas situações imprevistas.

Dejours dedica atenção especial ao modo como a história política e a ética predeterminam e atuam na construção e no desenvolvimento da organização real do trabalho. E esclarece ainda como essas instâncias também repercutem na constituição dos modos, conteúdos e dinâmicas comunicacionais em que se constroem os laços de confiança, reconhecimento, cooperação e comprometimento atualmente tão buscados pelas empresas.

O livro também nos apresenta vários achados de pesquisa, analisando em particular os que se referem às mediações entre diferentes instâncias sociais e a subjetividade. Entre tais mediações, destacam-se as reveladas pela antropologia do trabalho e, muito particularmente, as descobertas de Böhle e Milkau sobre as *atividades subjetivantes*, minuciosamente discutidas neste texto de Dejours.

A partir do conjunto de contribuições anteriormente enumeradas — reflexões epistemológicas do autor; considerações sobre aspectos de ordem política e ética; e revelação de diferentes descobertas efetivadas em pesquisas de campo —, é possível identificar com maior clareza especialmente três desafios presentes no contexto brasileiro e que comentaremos sucintamente:

a) desafio à ética política;

b) desafio à formação;

c) desafio da complexidade e da diversidade.

◘ O desafio, bastante instigante, referente à *ética política* terá necessariamente ressonância na *ética do trabalho* e é colocado para diferentes esferas sociais. Diz respeito ao desenvolvimento mais geral de esforços para que se fortaleçam, a partir de políticas públicas e de diferentes iniciativas da sociedade, os *suportes políticos e éticos* essenciais aos desempenhos responsáveis e participativos da cidadania. Tais ações deverão ocorrer também na esfera interna das empresas. É marcante que a ética, aqui, além de seu valor intrínseco, passe a configurar-se como objetivo para as organizações que almejam ganhos de qualidade.

◘ O desafio referente à *integração de conhecimentos* é colocado no âmbito responsável pela *formação*, muito especialmente para os formadores que preparam os técnicos de nível médio, mas também para todos os demais, inclusive os que se dedicam ao planejamento educacional destinado a todo o ensino formal, bem como as esferas vinculadas ao treinamento e à supervisão do trabalho.

❐ O desafio da *complexidade* exige que nos dediquemos a desvendar e considerar com maior atenção nossas *peculiaridades* e *diversidades* — ecológicas, sócio-econômicas, políticas e culturais. Isso diz respeito tanto à elaboração de *projetos de pesquisa* quanto à *inovação das empresas*. Esse desafio estende-se aos planejadores de diferentes áreas e aos pesquisadores. Com ele se defrontam simultaneamente o Estado, as universidades, as instituições de apoio à pesquisa e as empresas, pois a questão é considerar nossas especificidades, seja nas iniciativas de pesquisa voltadas para o diagnóstico do "complexo humano em situações de trabalho", seja na transformação de políticas, planos e práticas cotidianas das organizações. Isso forçosamente significa abandonar a importação de modelos e métodos prontos, embora adotando critérios que permitam absorver tudo quanto em tais modelos, construídos em outros contextos nacionais, possa contribuir para atender nossas necessidades. Mas esse desafio exige, acima de tudo, o resgate da capacidade de olharmos criativamente para nossa própria realidade.

Edith Seligmann Silva

Prefácio

Há muitos interessados no uso da noção de fator humano: planejadores, engenheiros, ergonomistas, psicólogos do trabalho, especialistas em segurança, coordenadores de treinamento etc. Geralmente todos os que trabalham, e não somente quem tem responsabilidades como executivo, são pressionados a ter uma certa concepção sobre o funcionamento do ser humano. Cada um designa, então, um certo conteúdo à noção de fator humano, termo que, por derivações sucessivas, logo abarca todo o campo da psicologia. Muitas vezes a noção de fator humano é usada como psicologia por quem não é psicólogo e funciona, assim, como um condensado de psicologia espontânea ou de psicologia do senso comum.

O texto que se segue não constitui um tratado de psicologia geral ou de psicologia do trabalho. Não se destina nem a todos os executivos, nem a todos os administradores, sem distinção. Dirige-se especificamente a engenheiros, ergonomistas e coordenadores de treinamento que, dentro de numerosas empresas e instituições, são particularmente responsáveis pelas pesquisas sobre o fator humano, tanto nas células como nos departamentos especializados.

Engenheiros de formação na sua maioria, eles devem, no entanto, manipular as noções que decorrem das ciências humanas, mas nem sempre dispõem das bases teóricas necessárias para julgar o seu domínio de validade e os limites de seu uso legítimo.

Mas, não somente os conceitos oriundos das ciências humanas e sociais são de manejo difícil, mesmo pelos pesquisadores especializados, como, na maioria das vezes, os práticos, para os quais é destinado este documento, não têm acesso a esses conceitos, a não ser mediante os manuais de psicologia geral ou de sociologia geral. Acontece que o trabalho, apesar de ser parte integrante do mundo cotidiano, cria uma quantidade de problemas específicos, que são insuficientemente analisados pela psicologia e sociologia geral. A passagem da psicologia geral à psicologia do trabalho e da sociologia geral à sociologia do trabalho traz distorções aos conceitos que o não-especialista não domina. Além disso, essa passagem conduz à introdução de conceitos suplementares, cuja interpretação é perturbada por pressupostos e experiências muito contrastantes que os pesquisadores e os engenheiros têm do trabalho.

É em razão das dificuldades encontradas por aqueles que consagram seus esforços à analise do fator humano no trabalho que este opúsculo foi realizado.

Inteiramente centrado nos conceitos das ciências humanas do trabalho, este documento visa a reunir os principais dados necessários para abordar, sem ingenuidade, a análise da noção de fator humano e compreender os desafios dos debates entre as diferentes escolas de pesquisa.

O essencial do material teórico, conceitual e epistemológico utilizado neste documento não é original. O que constitui a sua originalidade é a sua formulação. Redigido em função de tais destinatários, ele retoma, recorta e recompõe os debates que atravessam várias disciplinas, num campo bem mais amplo que o das ciências do trabalho, com o objetivo de trazer de volta os argumentos mais importantes para a discussão específica sobre o homem no trabalho. A forma de argumentar foi então submetida a uma exigência particular: reunir os elementos de análise necessários ao exame das questões mais freqüentemente formuladas nas empresas, em particular as que concernem às condutas de risco para a segurança das pessoas e das instalações.

Introdução

O procedimento que adotaremos inscreve-se na perspectiva aberta pela crítica do paradigma das ciências aplicadas. Por ciência aplicada designam-se, classicamente, as disciplinas que se consagram à ação, visando à execução, à transformação ou à melhoria de uma situação, mais do que à produção de conhecimentos. Em oposição às ciências aplicadas estão as ciências fundamentais, exclusivamente destinadas à produção de conhecimentos, independentemente de qualquer preocupação relativa a sua utilidade ou utilização. As ciências aplicadas mantêm com as ciências fundamentais uma relação de subordinação epistemológica. A justificação da ação fundamenta-se nas referências argumentadas aos conhecimentos estabelecidos pelas ciências fundamentais.

Atualmente essa subordinação é questionada por várias correntes científicas que operam em diferentes campos disciplinares. Dentro da perspectiva crítica que está em questão, trata-se de estabelecer o primado do campo, isto é, no caso, tratando-se do fator humano, de condutas humanas concretas. A questão colocada é então a da análise, descrição e compreensão das condutas concretamente adotadas por homens e mulheres em situação real, considerando-os o ponto de partida para o encaminhantento de pesquisa, isto é, renunciando-se a considerá-las como a execução, mais ou menos esmaecida, de condutas ideais, definidas a partir de situações artificiais, experimentalmente construídas.

O ponto de partida de toda a discussão científica apresentada neste texto tem portanto como referência as condutas "concretas" e não as condutas-tipo, qualificadas, por oposição, de "abstratas".

As pesquisas em matéria de fator humano são nutridas por pressupostos variados e que correspondem a metodologias também variadas. Trata-se, pois, de recuperar as principais contradições teóricas que surgem, *nolens volens*, no próprio uso do conceito de fator humano entre os pesquisadores, em função de pressupostos que fundamentam seu pertencimento a diferentes escolas de pensamento. Antes de analisar esses pressupostos, examinaremos as principais orientações da pesquisa. Só num segundo momento retornaremos aos pressupostos que as precedem.

Orientações da pesquisa sobre o fator humano: questões iniciais

Podemos extrair das pesquisas atuais duas orientações principais, que se organizam a partir de duas maneiras de colocar a questão primordial do fator humano.

A primeira formulação da questão inicial seria a seguinte: Quais são as origens e quais são os meios de controle das falhas humanas na situação de trabalho?

A segunda formulação da questão inicial seria: Como mobilizar, desenvolver e gerenciar os recursos humanos?

A partir dessas duas formulações primordiais, é possível contrapor as duas orientações sobre três pontos: o objetivo da ação, a previsibilidade das condutas humanas e as implicações normativas.

Objetivo da ação

Essas duas formulações iniciam, então, dois encaminhamentos de investigação. No primeiro (falha), a preocupação principal é a segurança. Só secundária e acessoriamente coloca-se a questão da qualidade. Nesse caso, a qualidade aparece como uma questão separada da segurança.

No segundo encaminhamento (recurso), a preocupação principal recai na qualidade. Só secundária e acessoriamente ela encontra a preocupação com a segurança. Nesse caso, a segurança é considerada um subproduto da qualidade.

Previsibilidade das condutas humanas

No primeiro encaminhamento (falha), supõe-se que é possível caracterizar a situação de trabalho na sua integralidade. A intervenção humana adequada no processo de trabalho é supostamente conhecida de antemão. Supõe-se que as características da situação de trabalho no instante t_2 sejam previsíveis a partir dos dados reunidos para caracterizar a situação no instante t_1. Em matéria de trabalho, o modelo da equação laplaciana é, pois, admitido.

No segundo encaminhamento (recurso), admite-se que a situação de trabalho não pode ser inteiramente caracterizada (ao menos nas condições cotidianas de trabalho) e que é preciso dar-se um lugar não somente ao incidente, eventualmente previsível (na sua forma, ainda que não na sua ocorrência), mas também ao desconhecido, ao imprevisível, àquilo que ainda não se conhece.

Orientação normativa

O primeiro encaminhamento (falha) é ordenado sobretudo por referência à noção de prescrição e à de disciplina, isto é, às normas estritamente funcionais, sem referência aos valores.

O segundo encaminhamento (recurso) é ordenado sobretudo por referência à noção de cultura, isto é, essencialmente a valores relativos ao bem e ao mal, ao justo e ao injusto, ao desejável e ao indesejável.

Portanto, as duas formulações iniciais da questão sobre o fator humano resultam em duas orientações normativas profundamente diferentes.

Orientações da pesquisa sobre o fator humano: encaminhamentos de investigação

Entretanto, nos dois encaminhamentos são visados os mesmos homens e as mesmas mulheres. Há aqui um paradoxo. É precisamente esse paradoxo que não é tratado cientificamente, nem no plano teórico, nem no plano epistemológico. Daí surgem os numerosos encaminhamentos que, no campo, tentam conciliar os dois objetivos e os dois encaminhamentos que se crê poderem ser complementares. Chega-se, a cada vez, a combinações originais e a ações dirigidas ao fator humano que não se superpõem nunca, mas que têm em comum uma mesma fraqueza teórica: o sincretismo.

Assinalamos, por outro lado, que não há, no entanto, contradição insolúvel entre objetivo de segurança e objetivo de qualidade. A contradição que nos esforçamos em evidenciar entre as duas orientações científicas está em outro lugar: entre as linhas conceituais.

a) O encaminhamento que parte da caracterização do fator humano em termos de falha humana induz o encadeamento das seguintes noções práticas:

    falha, erro, falta
    ↕
    controle, vigilância, instruções, regulamento, disciplina, sanção e/ou formação.

Essa seqüência é usada nas práticas comuns no campo. Tais práticas demandam, por sua vez, uma análise científica que propõe a seguinte linha conceitual:

    análise do comportamento
    ↕
    decomposição do comportamento em processos, elementos, módulos ou unidades de comportamento, a serem estudados separadamente
    ↕
    pesquisa e concepção em matéria de ajuda ou de assistência ao raciocínio ou à decisão
    ↕
    prótese cognitiva; substituição do homem, tão freqüentemente quanto possível, por automatismos.

b) No encaminhamento que se origina a partir da caracterização do fator humano em termos de recurso humano, temos o encadeamento das seguintes noções práticas:

    motivação, desmotivação
    ↕
    comunicação (mais informacional do que pragmática)
    ↕
    cultura de empresa, valores.

No que diz respeito ao encaminhamento científico demandado por este tipo de abordagem, temos a seguinte linha conceitual:

análise das condutas (não redutíveis aos comportamentos)
↕
relações de trabalho/análise das interações sociais e afetivas
↕
análise das estratégias dos atores.

O encaminhamento em termos de falha humana foi essencialmente usado pelas ciências da engenharia e profundamente renovado pela abordagem das ciências cognitivas. O encaminhamento em termos de recursos humanos foi essencialmente usado pela psicologia social e pela escola de "relações humanas" e é hoje estimulado pelo que se chama de ciências da administração e da gestão, que utilizam muito mais os conceitos das ciências sociais que os da psicossociologia.

O primeiro encaminhamento é "tradicional" nos países industrializados, enquanto o segundo é fortemente ativado pela concorrência japonesa e pelo deslocamento das exigências da produção, em vista dos objetivos da qualidade.

Caracterizamos, assim, as duas grandes orientações de pesquisa sobre o fator humano, usadas respectivamente pelas ciências da engenharia e pelas ciências sociais, e sucintamente expusemos a causa da contradição, no plano prático e sobretudo no plano conceitual, entre estas duas orientações.

Esta dicotomia pode parecer maniqueísta. Existem efetivamente abordagens ou orientações com mais nuances, mas se pode facilmente mostrar que, na maior parte, elas se inscrevem em uma ou outra das duas orientações aqui definidas. Quanto àquelas que resistiram à classificação, constata-se que todas cedem ao sincretismo, ao qual precisamente tentamos nos opor, pela crítica epistemológica que constitui o próprio objeto deste opúsculo.

Portanto, por enquanto consideramos apenas o que é visível e explícito nas orientações de pesquisa sobre o fator humano.

Não abordamos ainda a análise dos pressupostos desses dois enfoques, ou seja, daquilo que não está explícito nos dois encaminhamentos, seja em razão das dificuldades teóricas que implicam para os pesquisadores, seja em razão de um efeito de ocultação desses pressupostos, que passam por evidentes ou que, por decorrerem do senso comum, não justificam, então, o trabalho de análise. Essa segunda razão invocada para não se explicitar os pressupostos teóricos e epistemólogicos é com certeza ingênua; por paradoxal que possa parecer em relação ao próprio espírito dos procedimentos científicos, ela é, no entanto, invocada por numerosos pesquisadores. A primeira razão, por sua vez (a dificuldade real ocasionada aos pesquisadores pelo trabalho de explicitação), é bastante mais séria que a segunda: para explicitar esses pressupostos o pesquisador tem que se expressar sobre o que parece, à primeira vista, estranho ao seu objeto de pesquisa. Não se sente, então, nem perfeitamente competente nem habilitado a falar de seus pressupostos. Engajar-se nesse campo é marchar a descoberto, sem a proteção do conhecimento. Efetivamente, os pressupostos constituem, de certa forma, a zona de vulnerabilidade teórica de todo pesquisador.

Veremos adiante que, nas duas orientações científicas que tentamos caracterizar, os pressupostos que deveremos especificamente questionar dizem respeito ao conteúdo dos seguintes termos:

◻ homem;
◻ tecnologia;
◻ trabalho.

Por exemplo, para o psicossociólogo ou para o sociólogo que investiga recursos humanos, é muito difícil aventurar-se pelo que desconhece sobre o conceito de trabalho, no que ele não é, em geral, um especialista. Ao contrário, para o ergonomista ou para o técnico em segurança do trabalho que se interessa pela falha humana, é difícil embrenhar-se no terreno do homem, do sujeito e das relações sociais, porque ele não é, em geral, um especialista em psicologia e em sociologia.

Analisaremos então esses pressupostos, precisamente porque é nesse nível que se situa o ponto fraco dos procedimentos científicos que se esforçam em considerar o fator humano no trabalho. Graças a essa análise, estaremos em condição de isolar os problemas teóricos e epistemológicos que os pesquisadores devem considerar para poderem explicitar, tomar posição sobre e justificar cientificamente os pressupostos nos quais precisam apoiar seus procedimentos.

Começaremos por formular sucintamente as questões que permitem identificar os pressupostos e qual a forma que eles assumem nas duas orientações de pesquisa sobre o fator humano, isto é, a identificação dos pressupostos teóricos inerentes às duas orientações de pesquisa.

Na primeira parte, procederemos à análise, do ponto de vista teórico das abordagens, da noção de fator humano nas ciências do homem: antropologia das técnicas, sociologia industrial, psicodinâmica do trabalho, sociologia da ética.

Na segunda parte, após essas questões teóricas, esboçaremos uma discussão dos problemas epistemológicos colocados pela análise dos pressupostos inerentes a todo procedimento científico relativo ao fator humano.

Após esse percurso e como epílogo, através das questões teóricas e epistemológicas levantadas pelo conceito de fator humano nas ciências humanas, retornaremos enfim à própria noção de fator humano para examinar a seguinte questão: Quais as dimensões da conduta humana, elucidadas pelas ciências do homem no trabalho, que deveriam ser reconduzidas em toda teoria do fator humano, independentemente de sua orientação e de sua metodologia?

Identificação dos pressupostos teóricos nas duas orientações de pequisa sobre o fator humano

Os pressupostos implícitos que devemos tornar explícitos dizem respeito principalmente ao conteúdo de três conceitos:

◻ a concepção ou o modelo de homem;
◻ o conceito de tecnologia;
◻ o conceito de trabalho.

Pressupostos relativos ao modelo de homem

a) No primeiro encaminhamento (usado pela caracterização do fator humano em termos de falha), a renovação abordada pelas ciências da cognição traduz-se no nível do modelo de homem pelo abandono de análises holísticas[1] do comportamento e do agente do comportamento. Um modelo unificado de homem é, aqui, julgado inútil. Parece mais

---

[1] Holismo, do grego *holos* = inteiro, designa em psicologia um procedimento científico que relaciona a interpretação das condutas humanas à unidade que constitui o sujeito. Este último é considerado então como diferente da soma de suas partes (memória, inteligência, vontade etc.). Tal procedimento opõe-se à pesquisa modular, que renuncia à análise da conduta como totalidade para estudar separadamente cada um dos fatores que influenciam sua forma final. Por exemplo, a abordagem modular da inteligência renuncia a estudar a inteligência como totalidade e concentra suas análises nos processos cognitivos, nas atividades inteligentes e nos fatores que incidem nas atividades inteligentes.

heurístico e mais eficaz apoiar-se em um modelo modular que passa por uma fragmentação dos processos, quer se trate do processo psicossensoriomotor, de processos cognitivos ou mesmo de processos celulares, intercelulares ou interníveis.

b) Ao contrário, no procedimento que parte da caracterização do fator humano em termos de recursos, o modelo de homem é, a princípio, holístico e eventualmente interativo. Os processos elementares, suas articulações e seus desempenhos são aqui de pouca utilidade para dar conta das condutas humanas. Os conceitos de base são sobretudo aqueles de representação, ou de intencionalidade, ou de estratégia. O modelo dominante de homem é o do ator no sentido de ator social, no qual a conduta submete-se a uma racionalidade estratégica.

Veremos que, segundo a escolha — holística ou modular — do modo de abordagem das condutas humanas, os critérios de validação considerados para julgar as demonstrações são não somente diferentes, como também, por vezes, contraditórios. É isso que nos obrigará a nos deslocarmos da discussão teórica e metodológica para a discussão epistemológica sobre a racionalidade (cap. 1, parte 1).

Pressupostos relativos ao conceito de tecnologia

a) No encaminhamento que parte da caracterização do fator humano como falha humana, o uso do termo técnico é mais ou menos unívoco. Não há aqui uma diferença fundamental entre a técnica e a tecnologia. O termo tecnologia é muitas vezes empregado dentro do sentido americano, como sinônimo de técnica em francês. Por vezes, ele significa o conjunto dos conhecimentos sobre a técnica. O conceito de técnica remete aqui à ordem da máquina. Designa as máquinas, as instalações, os processos fisicoquímicos, mecânicos ou informáticos sobre os quais são estabelecidas essas máquinas ou esses autômatos. O conceito de técnica concerne também às aplicações do conhecimento teórico no domínio da produção e da economia. Designa "os objetos e os mecanismos necessários a uma ação". Como assinala o dicionário *Robert*, o termo técnica é utilizado por expressões como "o incidente técnico", "a escala técnica"... A orientação fundamental do uso do conceito de técnica vai, pois, em direção "aos objetos técnicos" e pertence inteiramente à ordem material. Mesmo que esse material contenha sob forma sedimentada, assimilada, integrada, as contribuições propriamente humanas.

b) Ao contrário, na abordagem que parte de uma caracterização do fator humano em termos de recursos humanos, os pressupostos teóricos que dizem respeito ao conceito de tecnologia são menos divididos. Em certos casos, o conceito de técnica é usado como anteriormente; em outros, remete essencialmente às habilidades, ao *savoir-faire*, ao manejo dos instrumentos e das ferramentas e, portanto, implica essencialmente os usos do corpo no trabalho, estejam esses usos relacionados diretamente a uma intencionalidade do corpo ou a uma atividade de pensamento que empresta o corpo como efetuador. Nesse caso, a tecnologia não concerne mais ao conhecimento dos objetos técnicos, mas à análise da história das condutas e das habilidades humanas. A tecnologia é então uma ciência humana, e não uma ciência da engenharia. É um dos braços da antropologia. A essa concepção de tecnologia ligam-se autores como A. Leroi-Gourhan (1943-45), Marcel Mauss (1934), A. G. Haudricourt (1987) e, mais recentemente, Böhle e Milkau (1991). O problema é recolocado de modo sintético em uma parte do artigo de François Sigaut "Folie, réel et techonologie" (1990). O conceito de técnica que apóia todos esses trabalhos foi definido em sua forma principal por Marcel Mauss, o fundador da antropologia moderna, no texto "Les techiniques du corps", que data de 1934. A técnica é aqui definida como "ato tradicional eficaz".

Nos pressupostos da segunda abordagem do fator humano, há pois uma hesitação entre o estatuto dos conceitos de técnica e de tecnologia. Isso vem do fato de as próprias ciências sociais subestimarem, e mesmo desconhecerem, a dimensão propriamente tecnológica (no sentido que acabou de ser definido). O mesmo se dá, aliás, com relação às ciências humanas (na medida em que se tende a distingui-las das ciências sociais). Ora, o lugar da tecnologia, no sentido antropológico do termo, é de fato tão capital em todas as ciências humanas sociais que se torna duvidosa a possibilidade de se constituir uma psicologia ou sociologia que não se apóie e não retorne constantemente à dimensão tecnológica da conduta humana, seja ela individual ou coletiva. Encontra-se igualmente a argumentação dessa questão capital no prefácio do livro de Haudricourt *La technologie, science humaine* (1987).

Portanto, no segundo encaminhamento os pressupostos sobre o conceito de técnica são, na sua maioria, os mesmos que no outro encaminhamento. No entanto, certas pesquisas explicitam os pressupostos precisos sobre o conceito de tecnologia, que produzem um distanciamento em relação ao pressuposto de senso comum prevalecente na maior parte das outras pesquisas. Ora, por se tratar de questões teóricas e epistemológicas relativas ao uso do conceito de fator humano nas ciências do trabalho, a elucidação dos conceitos de técnica e de tecnologia têm conseqüências decisivas. Retornaremos mais longamente a este assunto no próximo capítulo.

Pressupostos relativos ao conceito de trabalho

a) Nas teorias que partem do encaminhamento sobre a falha humana, a atividade correta é supostamente já conhecida. Para considerar o erro humano, há dois grupos de hipóteses possíveis:

◘ No primeiro grupo, evoca-se a negligência ou a incompetência. Trata-se aqui de pressupostos que, a não ser raramente, são formulados como hipóteses a serem verificadas. Pode-se, então, qualificá-las de hipóteses fracas. Na maior parte dos casos, com efeito, não se verifica, nas situações de risco, um consenso sobre a avaliação dessas hipóteses, entre os planejadores e os organizadores, de um lado, e os operadores, de outro. A validação dessas hipóteses implica problemas metodológicos difíceis. Com efeito, a metodologia de investigação depende de um outro pressuposto, relativo desta vez ao modelo de homem que sustenta o procedimento de investigação. Quando se adotar o primeiro tipo de pressuposto teórico sobre o modelo de homem que já foi descrito anteriormente — o do sujeito cognitivo —, será proposto um procedimento objetivo, que resultará na naturalização da falha e do erro. Quando se adotar, ao contrário, o outro pressuposto descrito — o do ator social —, será escolhida uma metodologia compreensiva que conduzirá a uma interpretação construtivista da falha e do erro humano.

◘ No segundo grupo de hipóteses, o erro ou a falha não procedem da negligência ou da incompetência dos operadores. Elas procedem sobretudo de um erro ou de uma insuficiência da concepção e da prescrição.

De qualquer modo, tanto num caso como no outro, evita-se uma questão fundamental: quaisquer que sejam a qualidade da concepção e a precisão dos procedimentos, resta uma parte de responsabilidade, que retorna aos homens, que jamais é considerada. Uma parte que depende da decisão. Não tanto da decisão que é o resultado lógico de um diagnóstico exato, mas da decisão no sentido forte do termo, isto é, daquilo que concerne às situações inéditas para os atores, ou às situações em que a análise não pode ser liquidada *a priori* em termos estritamente científicos. Com efeito, certas situações de trabalho conservam um carácter incerto (Wisner, 1994). Entre os dados da situação e a ação, há então um lugar necessariamente ocupado pela interpretação e pela deliberação. Acontece o mesmo tanto para uma instrução quanto para uma lei. A lei diz o que convém fazer em uma situação caracterizada por um certo número de precisões. Mas não se pode descrever jamais integralmente por antecipação se a situação atual, ou a situação em que ocorre o processo, decorre ou não do quadro de aplicação dessa lei. É por essa razão que o direito é sempre cumulativo e procede pela acumulação sucessiva de jurisprudências.

Se consideramos essa dificuldade essencial a toda situação de trabalho, deve-se admitir que o trabalho não decorre jamais da "execução", mas que todo trabalho implica uma parte de gestão da distância entre a organização do trabalho prescrito e a organização do trabalho real, isto é, que ele decorre ainda, por um lado, de uma dimensão estritamente humana, e mesmo inter-humana, resultante da ação. A questão que é indiretamente colocada sobre os pressupostos concernentes ao conceito de trabalho reenvia à hipótese sobre a oposição entre as situações de trabalho já conhecidas e as ainda não conhecidas e, além disso, ao conhecimento e ao desconhecimento. O problema colocado é o do conceito de lei. Quando se recorre à teoria da ação no trabalho, faz-se funcionar o conceito de lei como na justiça, isto é, no sentido da administração das relações entre os homens na cidade. Ao contrário, quando se recorre às ciências da natureza, o conceito de lei funciona como lei invariante, independente da vontade humana, regulando os fenômenos objetiváveis de modo a-histórico e invariável. É a diferença entre a lei instituída e a lei da natureza.

Do ponto de vista epistemológico, a questão é saber se o trabalho é objeto das ciências da natureza ou das ciências humanas. Embora esteja aberta e explicitada na maior parte dos campos de investigação científica, essa questão ainda não foi levantada nas ciências do trabalho. Recentemente esse problema foi reconhecido no nível da comunidade científica (Freyssenet, 1994).

b) Na teoria que parte do encaminhamento iniciado pela caracterização do fator humano em termos de recurso, discutem-se essencialmente a iniciativa, o engajamento e a motivação. Procede-se a uma análise centrada não no comportamento, mas na conduta, com uma unidade de base relacionada ao homem como sujeito ou como ator. A conduta é não somente a parte observável ou objetivável de um ato — o comportamento —, mas também sua parte não visível — os motivos, impulsos e pensamentos que acompanham, precedem e seguem um comportamento. A análise é orientada para a elucidação dos processos afetivos e conativos,[2] para a análise das comunicações, do clima social, da cultura, da ideologia, dos valores e das relações entre os homens. Trata-se, pois, de direcionar desta vez a investigação científica para os processos intra-subjetivos e intersubjetivos e para as relações entre o indivíduo e a organização. Em caso de falha humana, levantam-se hipóteses sobre o estresse, o gerenciamento, o comando, a gestão etc. Os pressupostos teóricos são os do distanciamento irredutível entre a organização formal e a organização informal. As falhas são então raramente interpretadas como na primeira corrente. Elas são sobretudo o resultado de uma intenção ou de uma lógica estratégica. Aquilo que falta na conduta do operador, aquilo que falha em relação ao desempenho esperado é relacionado à lógica de uma estratégia coerente onde o ator é, por sua vez, autor e cativo. Esses pressupostos estão explícitos nas abordagens de Crozier e Friedberg (1977), bem como no relatório de Werner Ackerman (1990) sobre as centrais nucleares. Está-se exatamente no paradigma da ação. Quanto à corrente teórica da psicologia das organizações, é necessário para ela também um certo número de pressupostos sobre o trabalho. Ela analisa somente as relações entre pessoas ou entre sistemas, mas elimina globalmente a questão do trabalho enquanto atividade e enquanto "aquilo que já foi dado" pela organização prescrita do trabalho. Por outro lado, ela atribui a qualidade à cooperação, mas sem retorno específico ou sem passar necessariamente por uma análise da atividade do trabalho. A mobilização pela cultura, pelos valores, pela identidade coletiva seria supostamente transferível a não importa qual tarefa, quaisquer que sejam as exigências que elas impliquem para sua atividade.

---

[2] Conativos: processos que dizem respeito à mobilização, ao impulso e ao esforço.

PARTE 1

Análise crítica dos pressupostos da pesquisa sobre fator humano: problemas teóricos

Nos capítulos que se seguem retomaremos esses três termos: tecnologia, trabalho, homem, que circulam constantemente nos textos sobre fator humano, mas sem que seu sentido e seu valor científico sejam metodicamente explicitados pelos autores que os empregam no campo de pesquisa sobre o fator humano. Para fazer isso avançaremos por inúmeros setores das ciências humanas, que serão convocadas, no sentido estrito, quando forem indispensáveis à analise desses três termos. Essa análise crítica será conduzida tendo em vista determinar se os pressupostos dos pesquisadores sobre o fator humano são compatíveis com os conhecimentos adquiridos pelas ciências do homem e da sociedade.

Capítulo 1

O conceito de tecnologia

Concepção comum da técnica e noção de falha humana

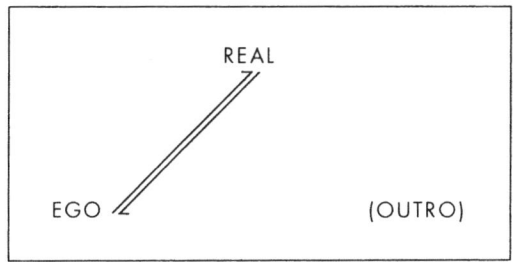

Na abordagem do fator humano que parte da concepção comum de técnica, considera-se essencialmente a relação entre o homem, representado no esquema acima sob o termo "ego", e o ambiente ou o posto de trabalho, representado sob o termo "real". As interações ego/real são consideradas os dois pólos de uma economia circunscrita formando uma entidade ou sistema. O problema teórico colocado é então o das condições de eficiência dessas interações. Se podemos conceber bastante simplesmente a existência de ações do sujeito sobre o real, o contrário, a noção de ação do real sobre o sujeito, é mais enigmático. A ação é de mesma natureza nos dois sentidos de interação? Há, com efeito, intencionalidade de ação do sujeito sobre o real. Mas a reação do real sobre o sujeito pode ser qualificada de intencional?

Em geral essa questão não é colocada claramente, de modo que passa para o domínio dos pressupostos ou dos preconceitos, ou seja, daquilo que é julgado de antemão, sem ter sido objeto de uma análise específica.

Ora, a própria noção de interação, e mesmo a de *feedback*, ou de regulação, entre dois mundos heterogêneos — o mundo das coisas e dos estados de coisas, de um lado, o mundo humano de outro — não é evidente. Ela supõe necessariamente, no plano teórico, a existência de uma medida comum entre os dois mundos.

Nas abordagens do fator humano, essa medida comum é geralmente estabelecida ao preço:

◻ De uma certa redução imposta ao conceito de homem (ou do sujeito, ou do ego). Afastamos o mundo vivido; a conduta e a ação são reduzidas em proveito de um componente que foi isolado: o do comportamento. E o homem é reduzido a um operador.

◻ De um postulado sobre a subordinação do comportamento a leis. No sentido de leis da natureza, leis fisiológicas e leis psicológicas cujos fundamentos foram estabelecidos pelo método experimental. Se o comportamento humano está submetido a leis naturais e estas são imutáveis, considera-se o comportamento humano, por sua vez, invariavelmente submetido a causas identificáveis. De fato, o homem pertence ao mundo da natureza, em função de seu corpo e da materialidade dos órgãos implicados no comportamento. Assim, nessa concepção, funciona sempre, implicitamente, o postulado da existência de uma "natureza humana". Esse postulado não é absurdo, é simplesmente simplificador e redutor. Essa coerência postulada entre os acontecimentos que afetam o mundo das coisas e o comportamento humano é conhecida como "pressuposto fisicalista".

Tal pressuposto, como todo pressuposto, tem sobre a pesquisa conseqüências decisivas, entre as quais sublinharemos três de importância particular para nossa discussão:

◻ Aquilo que no comportamento humano escapa às leis da natureza, ou seja, que não se submete à racionalidade instrumental,[3] deve ser definitivamente descartado da noção de fator humano. Essa posição teórica torna-se uma exigência que pesa então sobre toda a pesquisa. Qualquer retorno, qualquer menção daquilo que nas condutas humanas não decorre das leis da natureza não deve figurar na análise ou

---

[3] Retornaremos adiante a esse termo que, entretanto, introduziremos já. Ele significa que um comportamento, um ato ou uma ação são racionais se respeitam a exigência da eficácia em relação a um fim.

na demonstração — o que não é fácil de se conseguir. O pressuposto fisicalista (ou naturalista) dá uma descrição positiva do comportamento. Ele implica, *a contrario*, uma caracterização pejorativa daquilo que é afastado. Essa exigência é conhecida como "postulado eliminacionista", na medida em que elimina da análise tudo aquilo que no comportamento decorre das crenças e dos desejos. Elimina a referência a toda interioridade, considerada uma escória metafísica (Quine, 1976; Carnap, 1928).

◘ Adotar essa posição teórica de modo rigoroso implica, *a contrario*, sustentar tudo aquilo que nas condutas humanas afasta-se da racionalidade instrumental pelas condutas irracionais (aquilo que não dá conta das pressões provocadas pelo afastamento desses comportamentos na análise). De maneira que estes componentes "irracionais" do comportamento fazem seu retorno na situação de trabalho e é necessário dominá-los ou domesticá-los. Dominá-los é submetê-los ao controle, à disciplina, à sanção; domesticá-los é tentar fazê-los passar pelo primado da racionalidade instrumental por intermédio da formação.

◘ Enfim, esses retornos da dimensão comportamental, não submetidos a leis — inicialmente afastados da análise e posteriormente atribuídos à irracionalidade — se insistem em questionar as análises científicas do fator humano, fundamentadas no pressuposto fisicalista, acabarão por conduzir a um julgamento de valor, formulado pelos pesquisadores (bem como pelos práticos, que se apóiam na teoria assim construída do fator humano para intervir no campo). Esse julgamento moral consiste em identificar o componente autônomo (quer dizer, independente das leis da natureza) do comportamento à falta de inteligência ou à patologia. Assim, o pressuposto fisicalista em matéria de fator humano acaba por inflar consideravelmente o domínio da patologia dos comportamentos.

Esse preconceito fisicalista foi enunciado por Laurence E. Morehouse no nº 1 da revista *Human Factors* (set. 1958):

> "Uma filosofia dos fatores humanos: está na natureza do homem procurar saber mais principalmente sobre ele mesmo e sobre o mundo onde vive. Ele descobre constantemente as coisas sobre ele e seu universo. Sendo racional, o homem tenta associar suas novas descobertas às que já conhecia. Assim fazendo, desenvolve um corpo de conhecimentos, bem como métodos específicos para dominar investigações. Em conjunto, esse corpo de conhecimentos torna-se uma disciplina ou uma ciência. À medida

que essas descobertas se estendem, novas disciplinas nascem e o homem tenta adaptá-las à organização sistemática de seus conhecimentos.

O estudo dos fatores humanos no sistema homem-máquina-ambiente produz um corpo de conhecimentos em crescimento acelerado. Métodos inteiramente novos são inventados para acompanhar o desenvolvimento rápido da capacidade do homem de manipular a natureza. As trocas férteis entre as ciências da vida e as ciências da engenharia são encorajadas. O fator humano é considerado na sua relação com as máquinas e com o ambiente de trabalho, no qual o homem funciona. O objetivo último de cada esforço dessa disciplina é orientar-se para a utilização ótima das capacidades do homem e da máquina, a fim de obter o grau mais elevado de eficácia do sistema global. O humano é o elemento estável de cada sistema, já que não sofre mudança drástica repentinamente. Ainda que cada melhoria das máquinas e do ambiente de trabalho tenha uma influência sobre o componente humano, os princípios essenciais que regem o comportamento humano e sua capacidade de desempenho não mudarão. Assim, a elucidação dos princípios dos fatores humanos é de proveito durável e é também o objetivo da 'Human Factors Society' e de sua revista, de contribuir para o avanço desse conhecimento."

O pressuposto fisicalista tem, por outro lado, a característica de inscrever a concepção do fator humano em uma perspectiva prática, dando um grande crédito à ciência para analisar, resolver e racionalizar a relação homem-tarefa.

Ainda nessa concepção, a técnica é considerada igualmente decorrente do domínio das ciências da natureza (em particular das ciências da terra) e das ciências aplicadas (notadamente das ciências da engenharia). Retomamos aqui a definição restritiva do conceito de técnica anunciada anteriormente (ver cap. 2).

Concepções psicossociológicas e noção de recurso humano

Na abordagem do fator humano que se alimenta da psicossociologia, da psicologia clínica e de uma parte bem ampla da sociologia, a entidade ou sistema no qual se fundamenta a análise é constituída pelas interações entre o homem (ego) e pelos outros homens (outro), ou entre o sujeito e os outros. Mais do que do comportamento falaremos aqui de condutas humanas. A regulação das condutas é compreendida como a resultante das interações entre o sujeito e o ambiente humano. Em relação à precedente, essa abordagem tem a vantagem de não precisar enfrentar os problemas da heteronomia, já que concebe todas as interações no interior do mundo humano.

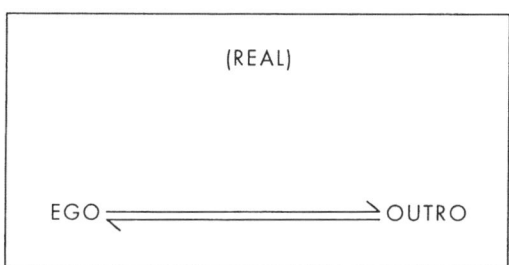

Por outro lado, se na abordagem precedente o mundo humano foi descartado, aqui é o mundo do trabalho que é reduzido ao mundo intersubjetivo e social. O ambiente físico e as especificidades das exigências do posto de trabalho, assim como a atividade no sentido ergonômico do termo, são excluídos da análise. Mesmo a sociologia do trabalho tradicional, ao tomar por objeto de estudo o emprego, as qualificações ou as relações profissionais, descarta muitas vezes de suas investigações a materialidade da atividade (salvo em abordagens muito específicas: Terssac, 1990). Quanto à psicossociologia das organizações, ela considera o ambiente de trabalho somente como contexto, como decoração, sem impacto direto na organização das condutas humanas. Há aqui um forte reducionismo em favor do teatro subjetivo, intra e intersubjetivo e das interações em termos de "clima", "liderança", "motivação", "gratificação", "poder" etc.

O pressuposto que elimina do determinismo das condutas humanas a análise das exigências produzidas pelo ambiente de trabalho é conhecido como psicologismo.

Ao inverso do pressuposto fisicalista (em virtude do qual o comportamento humano está submetido a leis invariáveis), esse pressuposto admite que as condutas humanas podem mudar e são tributárias do desenvolvimento social e histórico. Por outro lado, esse pressuposto subjetivista implica a intercambialidade dos contextos e a adaptabilidade humana a todos os ambientes. A motivação, por exemplo, essencialmente modulada pelas formas de manejo do poder e das relações humanas na empresa seria transferível a qualquer atividade, o que também constitui uma simplificação considerável, já que mesmo nas condições ideais de comando ou de organização resta um lugar para falhas humanas, erros ou acidentes que a referência exclusiva à qualidade das relações de trabalho e da motivação não permite explicar.

No pressuposto "psicologista" ou subjetivista, não se fala propriamente do conceito de técnica. O próprio conceito de organização está preso a uma acepção que remete diretamente à noção de empresa, de instituição ou de serviço, sem referência ao trabalho. A técnica é uma decoração, não é um determinante das condutas humanas. Para dizer de outro modo, o pressuposto subjetivista abandona a técnica às ciências da natureza e admite a supremacia das ciências sobre a tecnologia. Existe aqui ainda um outro preconceito que, em contradição com o preconceito subjetivista, tem todavia as mesmas incidências sobre o lugar atribuído à técnica e às exigências do trabalho, no determinismo das condutas humanas: é o pressuposto "culturalista", segundo o qual as condutas são essencialmente fatos da cultura e não a conseqüência do desenvolvimento endógeno da técnica. Entre a cultura, de um lado, e as condutas humanas, de outro, considera-se então apenas uma mediação, a "interiorização", concebida essencialmente como um fenômeno passivo. Nessa perspectiva, o fator humano é determinado por um jogo de interações iniciado a partir de um mundo exterior ao próprio trabalho.

Antropologia das técnicas e crítica dos presssupostos do senso comum

Essa abordagem é precisamente construída sobre a crítica dos pressupostos que foram vistos até agora sobre a tecnologia. A antropologia das técnicas é, de certa forma, a abordagem crítica por excelência, que conheceu nestes últimos anos desenvolvimentos importantes, notadamente com a introdução da antropologia das ciências (Latour & Woolgar, 1979).

Segundo o postulado que fundamenta o ponto de vista antropológico, as relações intersubjetivas entre o ego e o outro, que incontestavelmente desempenham um papel organizador nas condutas humanas, não são redutíveis a uma entidade ou a um sistema ego-outro. Os conflitos, as relações de poder ou o reconhecimento criam sempre um desafio ao real. Se surge entre duas pessoas, por exemplo, um conflito nunca visa exclusivamente à postura subjetiva de um ou de outro, em si. O conflito visa àquilo que na postura do sujeito relaciona-se a um fazer, a um ato, a uma conduta ou a uma ação sobre o real. Ou, para dizer de outro modo, o julgamento sobre o outro diz respeito à relação desse outro com o real, e se condeno sua postura ou sua atitude subjetiva é porque ela implica sempre uma certa maneira de agir sobre o mundo que desaprovo ou da qual discordo, ou, ainda, que prejudica meus interesses. Esse elo teórico é difícil de se apreender, mas é capital. O julgamento, o conflito ou o reconhecimento não se referem diretamente ao ser do sujeito, mas a seu fazer.

Em outros termos, o próprio princípio de um sistema ego-outro, decorrendo de um pressuposto teórico subjetivista ou culturalista, não resistiria a uma análise comparativa das condutas humanas em situações de trabalho diferentes, no interior de uma mesma cultura.

No outro pólo, o pressuposto fisicalista ou naturalista conduziria à formalização de um sistema ego-real, que seria incompatível com a evolução histórica das sociedades, das técnicas e das condutas humanas.

Toda análise tecnológica supõe considerar o conjunto dos três termos:

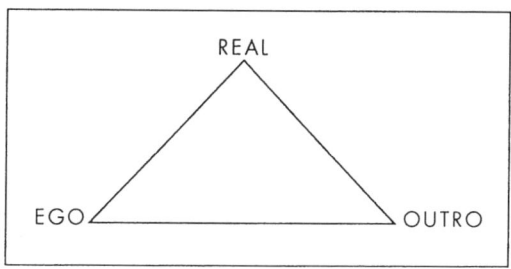

É isto que significa o próprio conceito de técnica na perspectiva antropológica: a técnica é "um ato tradicional eficaz" (Mauss).

a) *O ato* materializa a relação entre o ego e o real. O ato tem inúmeras particularidades. Ele visa a uma transformação do mundo real. Ora, não há transformação regulada do mundo que não implique uma mediação ou uma instrumentação. Essa instrumentação pode ser uma ferramenta, uma máquina, uma linguagem. A segunda característica do ato técnico é que ele supõe sempre um engajamento, um manejo específico do corpo daquele que faz. Conseguir uma ferramenta, manipular uma máquina, escrever ou falar implica uma certa postura e uma habilidade do corpo. Assim, o ato sobre o mundo mediatizado por um instrumento demanda, de certa forma, em retorno, uma transformação, uma aprendizagem do corpo, que deve ter uma certa adequação com a materialidade daquilo que ele trata de transformar, mas que é também, ver-se-á mais adiante, tributário de uma cultura. Isto é verdadeiro para todo ato técnico, tão sofisticado e simbolizado quanto ele possa ser (como se verá mais adiante a propósito da noção de "atividade subjetivante", extraída da etnografia industrial). A técnica é sempre uma técnica do corpo.

b) Tradicional. Um ato não pode ser homologado como técnica a não ser que se situe em relação a uma tradição, quer seja em continuidade ou em ruptura com essa tradição. Mas é necessário que essa relação seja precisa. Na falta desse vínculo com a tradição, o ato não seria inteligível para o outro e talvez não fosse nem mesmo compreensível ao próprio sujeito que faz, porque, sem referência à tradição, um ato não pode tornar-se consciente, não pode tornar-se objeto de percepção nem ser simbolizado. Quando se trata de um ato em ruptura com a tradição, é necessário que o afastamento não seja mais importante que as técnicas tradicionais, senão ele se arrisca a escapar à categorização e a não poder tornar-se reprodutível, nem a alcançar um mínino de rotinização ou ser acessível à transmissão. A tradição, de qualquer modo, é uma forma de sedimentação das rotinas práticas. Tradicional, o ato técnico, mesmo novo, deve tornar-se tradicional e contribuir, assim, com a evolução de toda tradição, para uma tradição renovada. Mas aquém mesmo do reconhecimento ou da homologação do ato como ato técnico, é impossível produzir um ato regulado do corpo em um agir instrumental novo que não seja ele próprio um broto mutante da tradição.

A dimensão tradicional do ato técnico é então o que faz a ligação entre o ego e o outro, no triângulo da tecnologia; é a parte propriamente intersubjetiva, social ou cultural da construção de uma conduta técnica. Portanto, a técnica é não somente uma técnica do corpo, mas também uma técnica cultural.

c) Eficaz. O terceiro termo da definição antropológica da técnica, a eficácia do ato em transformar o mundo real, é evidentemente capital. Ora, essa eficácia não existe em si, ela passa por um julgamento, residindo aí uma grande complexidade, como se verá um pouco mais adiante, à propósito da dinâmica do reconhecimento. Por ora, a questão colocada é saber quem profere o julgamento de eficácia. Se for o próprio sujeito em relação a si mesmo, esse julgamento poderá ser tachado não somente de subjetivo, mas também de nulo, por sua parcialidade, porque não se pode ser, ao mesmo tempo, juiz e parte. O julgamento é, então, essencialmente uma atribuição do outro. De um outro ao qual, de qualquer maneira, o ego está ligado pela tradição.

Sem sua eficácia reconhecida, esse ato seria somente encantado e teria então o estatuto de um ritual. Enfim, se a eficácia de um ato não pode vir a ser tradição, ele decorre de um acaso feliz ou da magia, mas não da técnica.

Portanto, a técnica é não somente corporal e cultural, mas também racional.

O julgamento de eficácia está no centro da relação entre o outro e o real, de modo que, entre os três pólos do triângulo tecnológico, as relações entre os pólos, dois a dois, substancializam respectivamente os três termos constitutivos da própria definição da técnica (Sigaut, 1990).

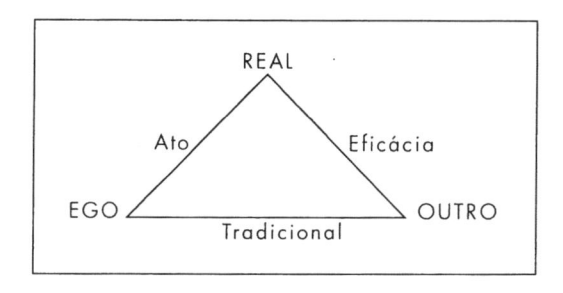

```
                    REAL
                   /\
               Ato/  \Eficácia
                 /    \
            EGO /_____\ OUTRO
                Tradicional
```

Como se vê, nessa teorização do conceito de técnica o mundo objetivo e o mundo humano se entrelaçam. Mas o comportamento técnico está submetido não somente às leis imutáveis da natureza, como também aos usos e costumes, e deriva inteiramente da cultura. Em outros termos, a técnica é, ao mesmo tempo, ato de transformação do mundo e ato de transformação do sujeito. A técnica nessa perspectiva é então evolutiva, porque diz respeito à ordem humana e não só à ordem natural, a única dotada de uma consciência historicizante.

Por outro lado, essa abordagem antropológica das técnicas leva a considerar que as relações sociais e sua evolução apóiam-se inteiramente na evolução das técnicas, onde esta última é, por sua vez, a trama e o mediador. A técnica chega assim a um estatuto teórico fundamental e incontornável para todas as ciências humanas, porque é ubíqua e está presente, sob uma forma ou outra, em toda atividade humana.

A tecnologia, à luz da antropologia, aparece então como a ciência humana das técnicas, isto é, adquire um sentido bem diferente daquele que o americanismo adota num sentido vulgar, como equivalente dos dispositivos maquinais. Mas não se trata apenas de diferenças semânticas. Por trás dessas diferenças, desdobram-se dois mundos ligados a pressupostos opostos. E a tecnologia, onde o pólo móvel e evolutivo é constituído pelo homem engajado no ato técnico, pertence propriamente às ciências humanas e não às ciências da natureza ou às ciências da terra. A técnica é um ato sobre o real, iniciado a partir de uma cultura e sancionado pelo julgamento do outro. Por isso escapa, ao menos parcialmente, à tutela das ciências da natureza. A técnica enfim produz a cultura, sendo um ato cultural submetido à exigência da história e da sociedade.

Assumir as conseqüências da crítica antropológica dos pressupostos sobre a técnica implica o questionamento radical do complexo da "tecnociência", compreendido como unidade no plano teórico e epistemológico. Porque entre a ciência e a técnica interpõem-se as condutas humanas que respondem a uma racionalidade irredutível à racionalidade teleológica. Por outro lado, entre a sociedade e as condutas individuais (o outro e o ego) interpõem-se os atos técnicos que não têm a leveza de um processo simples de interiorização. O que implica também o questionamento da noção de sistema sócio-técnico, muitas vezes utilizado nas publicações sobre o fator humano.

Capítulo 2

Da tecnologia ao conceito de trabalho

Trata-se aqui de examinar as relações de diferenciação e de sobreposição entre técnica e trabalho, que não são sinônimos, à luz de disciplinas especificamente implicadas na conceitualização de trabalho, em particular a ergonomia.

A primeira distinção diz respeito à noção de ato. À luz da pesquisa ergonômica, notadamente a ergonomia de língua francesa, somos conduzidos a atribuir um lugar primordial à análise da atividade, diferenciando-se esta última da definição de tarefa. A tarefa é aquilo que se deseja obter ou aquilo que se deve fazer. A atividade é, em face da tarefa, aquilo que é realmente feito pelo operador para chegar o mais próximo possível dos objetivos fixados pela tarefa. Em relação à técnica, o trabalho caracteriza-se então pelo enquadramento social de obrigações e de exigências que o precede. Diferenciando-se de um ato não situado em relação à uma prescrição, isto é, um ato referido a uma fabricação qualquer, o trabalho *stricto sensu* implica um contexto que contribui de modo decisivo para sua definição. Também na ordem conceitual de trabalho, substituir-se-á a noção de ato pela de atividade, mais precisa e específica.

Por outro lado, a eficácia é certamente uma dimensão central comum à técnica e ao trabalho. Mas o trabalho está sempre situado num contexto econômico. O critério isolado de eficácia da atividade sobre o real é insuficiente para homologar uma atividade com o título de trabalho. É necessário ainda que essa eficácia seja útil. Essa utilidade pode ser uma utilidade técnica, social ou econômica. Mas o critério utilitário, utilitarista mesmo, no sentido econômico do termo, é inerente ao conceito de trabalho.

É por esse critério que se pode estabelecer a distinção entre um lazer e um trabalho, entre o trabalho e o não-trabalho. Jogar tênis, montar a cavalo, jogar bridge etc. — todas essas atividades implicam o uso de técnicas. Mas se a eficácia técnica dos atos não se encontra submetida a critérios de utilidade, está-se no registro do lazer ou do não-trabalho. É com o olhar desse critério utilitarista que se pode distinguir quem está de férias do monitor. Para este último, trata-se de uma atividade julgada e reconhecida, não somente por sua eficácia técnica, mas por sua utilidade social e econômica (em proveito de uma municipalidade ou de um clube privado, por exemplo).

Enfim, no que que concerne ao terceiro termo do conceito de técnica — tradicional —, ele se reveste de uma forma mais restritiva na esfera do trabalho. As interações entre o ego e o outro estão, com efeito, submetidas a uma exigência suplementar: a de coordenação das atividades. Essa coordenação implica, é claro, a tradição no sentido como foi definida no capítulo precedente. Essa tradição constitui, de certa forma, uma condição de possibilidade da coordenação, um requisito *sine qua non*, à coordenação, como será visto adiante, não estando assegurada unicamente pelo congnitivo-instrumental, mas supondo também relações e interações no registro da compreensão, do sentido, bem como de relações sociais de trabalho entre o ego e o outro.

Estamos então em posição de poder derivar do triângulo tecnológico um segundo triângulo onde os pólos tornam-se semelhantes. Somente as interações entre os pólos são diferentes, de onde se conclui que o trabalho é, no plano teórico, um conceito mais limitado e circunscrito que o da técnica, no qual ele está incluído.

O real como conceito: a abordagem da ergonomia

Devemos agora abordar de modo mais preciso o conceito de "real", na teoria da técnica e do trabalho. Conseguimos uma equivalência aproximativa de três termos: o ambiente físico, a realidade e o real. Mas não poderemos progredir na crítica dos pressupostos teóricos próprios a cada uma das abordagens do fator humano se não esclarecermos o conceito de real, que tem não somente um conteúdo teórico e enigmático, mas também implicações epistemológicas essenciais a nossa discussão.

Definiremos o real como "aquilo que no mundo se faz conhecer por sua resistência ao domínio técnico e ao conhecimento científico".

Em outros termos, o real é aquilo sobre o qual a técnica fracassa, depois que todos os recursos da tecnologia foram corretamente utilizados. Portanto, o real está consubstancialmente ligado ao fracasso. É aquilo que no mundo nos escapa e se torna, por sua vez, um enigma a decifrar. O real, então, é sempre um convite a prosseguir no trabalho de investigação e de descoberta. Mas, tão logo dominado pelo conhecimento, a nova situação faz surgir novos limites de aplicação e de validade, assim como novos desafios ao conhecimento e ao saber. Por isso, o real não decorre do conhecimento, mas daquilo que está além do domínio de validade do conhecimento e do *savoir-faire* atuais. O real se apreende inicialmente sob a forma de experiência, no sentido de experiência vivida.

O real deve então ser conceitualmente distinguido da realidade. A realidade é "o caráter daquilo que não constitui somente um conceito", mas um estado de coisas. A dificuldade léxica vem de o adjetivo correspondente à realidade ser também: real. O que aqui designamos por real não é o caráter real de um estado de coisas — sua realidade —, mas o real como substantivo. O real tem uma realidade, mas se caracteriza por sua resistência à descrição. O real é a parte da realidade que resiste à simbolização.

Enfim, o real, se é dado pelo mundo, se é "ocasionado" pela ação sobre o mundo, não remete exclusivamente à materialidade físico-químico-biológica do mundo. O mundo é também um mundo social e o "real do social", ou seja, aquilo que no mundo social resiste ao domínio das técnicas de intervenção ou de conhecimento da sociedade faz parte integral do real do mundo.

Vimos anteriormente que, na teoria da técnica, o julgamento de eficácia e, na teoria do trabalho, o julgamento de utilidade atuam precisamente sobre a relação do ego com o real. Também devemos agora precisar que esses julgamentos que dizem respeito à eficácia e à utilidade são formulados levando-se em conta o limite que se impõe a estas últimas, a obstinação do real. A eficácia e a utilidade jamais são simples e evidentes. Os limites da eficácia e da utilidade num dia podem ser questionados no dia seguinte, pelo recuo do real, diante do avanço da técnica e do conhecimento. É precisamente por não serem fixas nem desprovidas de ambigüidade que a eficácia e a utilidade necessitam, para serem validadas, do julgamento consensual do outro, respectivamente sobre o ato técnico e sobre a atividade de trabalho.

A contribuição decisiva da ergonomia à teoria do trabalho é ter revelado o caráter incontornável, inexorável, inesgotável e sempre renovado do real no trabalho (Wisner, 1995). Trata-se, no plano conceitual, de um avanço no qual a importância é incomensurável e as conseqüências sobre a abordagem do fator humano não foram, por sua vez, corretamente assumidas, nem mesmo por alguns ergonomistas que de certo modo estão ultrapassados pelas incidências teóricas e práticas de suas próprias descobertas.

Com efeito, "o real do trabalho" é uma dimensão essencial à inteligibilidade dos comportamentos e das condutas humanas em situação concreta. A falha humana em face da tarefa é inevitável, já que o real só se faz apreender sob a forma de revés.

E é precisamente, ao que parece, essa noção de revés que falta na teoria ergonômica e na teoria do trabalho — noção, no entanto, indefectivelmente ligada à do real. A prescrição — ou seja, o que em ergonomia designa-se como tarefa ou modos operatórios prescritos —, se não pode ser jamais integralmente respeitada, quando nos esforçamos para alcançar os objetivos da tarefa, é precisamente por causa do real do trabalho. A tarefa, isto é, aquilo que se deseja fazer, jamais pode ser exatamente atendida. É sempre necessário rearranjar os objetivos fixados no início. Tal é a demonstração feita pela análise ergonômica da atividade. Em outros termos, o real do trabalho, se se aceita assumir as conseqüências teóricas do conceito, leva a admitir que a atividade real contém sempre uma parte de revés, em face do qual o operador ajusta os objetivos e a técnica. O revés, parcial, está então fundamentalmente incluído nos conceitos de eficácia e de utilidade, ignorados pela maior parte das concepções sobre o fator humano.

Ora, falar em termos de revés é bem diferente do que falar em termos de falha, de erro ou de falta. Por que esse termo, que não tem conotação pejorativa, não figura nas teorias de fator humano?

Para uma outra definição do trabalho

Ante o revés ou ao se colocar em xeque uma técnica, um *savoir-faire*, um conhecimento, há um sujeito que experimenta sua impotência. No entanto, o pático — que caracteriza a experiência vivida — não marca o termo do processo. O estar em xeque pode ser também um apelo ao avanço, em busca de solução. De fato, a "atividade" real contém já uma parte de reajustamento, de rearranjo dos modos operatórios em face da resistência do real, para aproximar-se o mais possível dos objetivos fixados pela tarefa. A atividade condensa, então, de certa forma, o sucesso do saber e o revés ocasionado pelo real, em um compromisso que contém uma dimensão de imaginação, inovação e invenção.

Nessa perspectiva assim aberta, poderemos dar ao trabalho uma nova definição que esclarece a formulada anteriormente: "atividade útil coordenada". Essa nova definição enuncia-se nos seguintes termos: "O trabalho é a atividade coordenada desenvolvida por homens e mulheres para enfrentar aquilo que, em uma tarefa utilitária, não pode ser obtido pela execução estrita da organização prescrita". Essa definição contém as três noções inicialmente propostas para caracterizar o trabalho, mas considera de modo mais preciso o real: aquilo que em uma tarefa não pode ser obtido pela execução rigorosa do prescrito. E também incide sobre a dimensão humana do trabalho: é aquilo que deve ser ajustado, rearranjado, imaginado, inventado, acrescentado pelos homens e pelas mulheres para levar em conta o real do trabalho. Com efeito, sem essa parte de inovação, sem o engajamento da inteligência humana, a execução mecânica estrita das prescrições conduz ao que é conhecido como greve do zelo e, nessas condições, nenhum processo de trabalho pode funcionar corretamente. Assinalemos desde já que o zelo, implicitamente presente na definição, não consiste apenas em inteligência, mas também na mobilização dessa inteligência que, em matéria de fator humano, levanta outros problemas que veremos mais adiante.

Por ora, atemo-nos a assinalar a grande diferença teórica entre "realidade da atividade" (a que é visada pela expressão atividade real ou trabalho real) e "real do trabalho", isto é, os limites do saber, do conhecimento e da concepção, com os quais se chocam os atos técnicos e as atividades de trabalho.

Noção de "atividade subjetivante": abordagem da etnografia industrial

A noção de atividade subjetivante (*subjektvierendes Handeln*) é devida aos pesquisadores em ciências sociais, que se interessam especificamente pela atividade operária, não somente nos setores clássicos da produção, mas também nas "novas tecnologias", na condução de *processos* e na utilização de máquinas de comando numérico (Böhle & Milkau, 1991). Sobre as indústrias de *processo*, eles mostram que os operários, se estão fisicamente na sala de controle, mentalmente estão em outros lugares: estão perto da matéria em transformação e, para tanto, têm necessidade de um controle sensorial da instalação.

A partir de dados empíricos, os autores dirigem essencialmente suas investigações para as *tacit skills* (habilidades tácitas), sua forma e os requisitos psicossensoriais necessários a seu refinamento e sua eficiência em situação real de trabalho. Mais especificamente, isso significa aquilo que está sendo executado pelos operadores para enfrentar o que, na produção, não pode ser obtido pela execução estrita das instruções.

Eles mostram assim que as competências requeridas apóiam-se em um funcionamento do pensamento e do corpo que decorre propriamente do "pensamento selvagem", no sentido de Lévi-Strauss (1962), e de sua expressão específica na atividade de bricolagem. Ora, a análise compreensiva e teórica dessas atividades mostra que estas últimas escapam, em parte, da consciência, ainda que sejam intencionais. Em outros termos, elas não são sempre simbolizadas, ainda que reguladas. A inteligência do corpo e do pensamento engajada nessas atividades muitas vezes antecipa-se à consciência e à simbolização desses atos práticos. Estes últimos se traduzem então não somente por seu impacto sobre a matéria ou as instalações, mas também, como retorno, por uma transformação ou uma marca que se inscreve no próprio sujeito. Esta dimensão de transformação do sujeito pela atividade do trabalho, sem a qual nenhuma eficiência seria possível, leva os autores a definir um conceito de "atividade subjetivante", designando as atividades especificamente implicadas pelas *tacit skills*, que passam pelas transformações subjetivas do operador. Essas transformações subjetivas podem ser objetivadas graças a um protocolo específico de estudo.

O conceito de atividade subjetivante inscreve-se então, ao mesmo tempo, na "crítica da racionalidade", já evocada na introdução e que será retomada na parte 2, e em uma perspectiva coerente com a distinção operada pela ergonomia de língua francesa entre tarefa e atividade, com a tradição sociológica compreensiva, essencialmente ilustrada pelos autores de língua alemã e pela "crítica do retorno cognitivo" (Böhle & Milkau, 1991).

Reteremos essencialmente dessa contribuição, que se apóia muito na etnologia, que as atividades que estão em questão na própria definição de trabalho não são redutíveis àquilo que se objetiva nos atos e nos modos operatórios, e que sua descrição integral, assim como a análise da dinâmica de seu uso, passa, de um lado, pela análise das marcas de seus atos na transformação do sujeito e, de outro, pela análise das abordagens da subjetividade, rearranjada na forma final dos modos operatórios.

Em outros termos, o conceito de atividade subjetivante constitui a mediação conceitual que faltava aos pressupostos fisicalistas sobre as interações entre o homem e o posto de trabalho. Essa mediação permite intercalar — entre a objetividade própria ao mundo do ambiente ou do posto de trabalho e a objetividade da expressão material do comportamento, em tempo de subjetivação — a atividade subjetivante onde a exigência objetiva e o processo subjetivo apóiam-se mutuamente, justamente no detalhe de sua dinâmica interna, sem jamais conseguir a heteronomia das duas dimensões do comportamento e de sua intenção.

Em resumo, do ponto de vista teórico, assumir as conseqüências do conceito de atividade nas pesquisas sobre fator humano é colocar na teoria do trabalho o conceito de:

◘ (resistência do) real;

◘ de revés (objetivo);

◘ de compensação parcial do revés pelos processos que implicam a subjetividade, isto é, pelos processos imprescritíveis, heterônomos à ordem dos mecanismos e que decorrem propriamente de uma produção psíquica e cultural que procede da experiência verdadeira e não da experimentação regrada: a engenhosidade.

Esses conceitos, que constituem os elos intermediários da análise, conduzem-nos ao limite de uma questão teórica, central para a pesquisa do fator humano, que diz respeito à inteligência mobilizada na situação real de trabalho, ou "inteligência da prática".

Se o conceito de atividade supõe um reajustamento em relação à prescrição dada na tarefa, como caracterizar a inteligência convocada em face da experiência do real, que se faz conhecer pelo revés da prescritibilidade e da concepção, de um lado, e pela característica inédita de um obstáculo a transpor, de outro lado? Como caracterizar aquilo que na inteligência escapa à prescrição das leis do mundo objetivo, isto é, aquilo que é "anômalo"?

Real do trabalho e inteligência astuciosa: abordagem da psicologia histórica

É ainda do lado da antropologia que encontraremos os elementos de teorização sobre a inteligência da prática. Mas desta vez é à psicologia histórica e à antropologia histórica que devemos a conceitualização da qual precisaremos para uma teoria do fator humano. Caracterizar a inteligência mobilizada frente ao real (àquilo que se faz conhecer por sua resistência ao domínio dos saberes e do conhecimento disponíveis) é apelar a uma teoria da inteligência da prática do trabalho.

Essa forma de inteligência foi identificada e tematizada pelos gregos com o nome de *metis*, que é etimologicamente o núcleo do termo *métier*. Trata-se de uma inteligência essencialmente engajada nas atividades técnicas, em particular nas atividades de fabricação (*poïèsis*). Essa inteligência caracteriza-se por um certo número de traços (Détienne & Vernant, 1974).

Ela é mobilizada frente a situações inéditas, ao imprevisto, frente a situações móveis e cambiantes.

Ilustra-se particularmente na atividade do caçador, na arte do navegador ou do médico.

Sua competência é a astúcia.

Ela está fundamentalmente enraizada no engajamento do corpo, que funciona graças a uma espécie de mimetismo com as exigências da tarefa, que remete, bem precisamente, à utilização da "sensibilidade" analisada no conceito de atividade subjetivante.

Preocupa-se em poupar esforços e privilegia a habilidade em detrimento do emprego da força.

É inventiva e criativa.

Limite do conceito de métis

O conceito de métis é essencialmente descritivo. Considera que o uso dessa inteligência implica a visão do engajamento de toda a subjetividade, o esforço de enfrentar a situação e aquilo que ela contém de inesperado, de arriscado, de imprevisto. Mas esse conceito não considera os processos cognitivos e afetivos mobilizados em seu detalhe, nem sua articulação necessária para dar a essa inteligência sua eficiência (Salmona, 1994).

Uma parte da pesquisa atual em psicologia cognitiva de campo esforça-se em compreender analiticamente os elos intermediários dos processos em questão (aprendizagem pela descoberta, curso de ação, cognição situada), mas reiterando a clivagem tradicional entre cognitivo e afetivo. Desse modo, não existe hoje nenhuma teoria constituída dessa inteligência além da conceitualização de atividade subjetivante, que é sem dúvida o ponto mais avançado da pesquisa nessa direção.

A inteligência da prática "em quarentena"

Essa inteligência da prática, ou métis, é então identificada formalmente desde os gregos. Mas, de um modo geral, foi pouco estudada pelos cientistas depois da revolução das ciências experimentais. E ainda é um certo eufemismo, porque a métis foi objeto de um verdadeiro ostracismo, de um desafeto, de uma desconfiança e até mesmo de uma condenação pelo tribunal da ciência. Por quê?

Abordaremos aqui um dos componentes comuns aos pressupostos teóricos das diferentes abordagens científicas do fator humano no trabalho. Na verdade, a desconfiança em relação à métis remonta a Platão: "Se Platão preocupa-se em detalhar os componentes da métis, não é apenas para expor melhor as razões que o obrigam a condenar essa forma de inteligência. Ele precisa denunciar longamente a miséria, a impotência, mas sobretudo a perturbação dos procedimentos oblíquos, dos encaminhamentos desviados e das astúcias da aproximação. É em nome de uma mesma e única Verdade, afirmada pela filosofia, que as diversas modalidades da inteligência prática encontram-se reunidas numa condenação única e decisiva.

[...] sem dúvida o sistema aristotélico vem corrigir a divisão traçada por Platão, porque se pode, não sem boas razões, reconhecer na teoria da prudência, exposta pela *Ética a Nicômaco*, uma vontade de renovar a tradição dos retóricos e dos sofistas, com os diferentes saberes submetidos à contingência e voltados para seres submetidos a mudanças.

[...] quaisquer que sejam os perigos, a verdade é que, para o pensamento aristotélico, é possível haver um conhecimento sobre o inexato, mesmo que, conformando-se a seu objeto, esse próprio saber só possa ser inexato. Sendo dado que as realidades da ciência são necessária e eternamente aquilo que são, nenhuma inteligência de caráter prático pode ambicionar alcançar um conhecimento estável: não há ciência possível daquilo que é da ordem do "não limitado". De certa maneira, e com todas as reservas que acabamos de indicar, a filosofia aristotélica reabilita o saber conjectural e a inteligência que age por desvios.

[...] isso não mostra também, e sobretudo, que a Verdade platônica, relegando à sombra todo um plano da inteligência com suas formas próprias de compreender, jamais cessou realmente de freqüentar o pensamento metafísico do Ocidente?" (Détienne & Vernant, 1974:304-6).

Mas o destino dado a esse conceito de inteligência da prática pela tradição não excluiu os ressurgimentos, e hoje reencontramos a métis no coração do debate sobre a "crítica da racionalidade da ação", que já mencionamos. Tratando-se, com efeito, do trabalho e da prática cotidiana do trabalho, parece que o conjunto dos problemas concretos encontrados pelos operadores não pode ser resolvido com a ajuda dos conhecimentos estabelecidos pelas ciências da natureza, porque o trabalho confronta precisamente os operadores com o mundo real e não só com as situações experimentais, artificialmente colocadas pelos cientistas. É por isso que se considera o paradigma das ciências aplicadas em benefício de uma pesquisa científica que toma o campo como ponto de partida (ciência do campo, cognição situada, clínica do trabalho, ergonomia) (Suchman, 1987 e 1988; Wisner, 1994; Theureau, 1992; Pinsky, 1992). Convocar a métis para o arsenal teórico permite considerar que o fator humano pode parecer insólito, até mesmo desusado? Não é bem assim. Retornar ao conceito de métis é tentar evitar a construção de um corpo conceitual que passaria indevidamente por inovador, correspondendo apenas à redefinição das concepções clássicas, excluídas durante um tempo das análises e comentários científicos. A teoria da métis é e continua a ser a base de qualquer análise da engenhosidade.

Capítulo 3

A concepção de homem: modelização individual ou modelização coletiva? Abordagens da sociologia da ética e da psicodinâmica do trabalho

O caminho que percorremos no último capítulo, consagrado à crítica dos pressupostos sobre o termo trabalho nas abordagens científicas do fator humano, é essencialmente aberto pela análise das conseqüências teóricas do conceito de "atividade", introduzido pela ergonomia. E vimos que o próprio conceito de atividade implica logicamente, por sua vez, um conceito de subjetividade que constitui, de todo modo, o ponto de partida da inteligência da prática. O alcance crítico desse percurso teórico visa antes de tudo a questionar o pressuposto fisicalista específico da abordagem do fator humano em termos de "falha".

Mas a análise realizada desde o início deste texto está essencialmente centrada no operador, ou o sujeito da técnica e do trabalho, no singular. Já reconhecemos, certamente, que o ato técnico, assim como a atividade de trabalho, não se deixa apreender convenientemente por uma análise "solipsista", isto é, por uma análise que procura considerar os comportamentos humanos a partir de interações entre um sujeito considerado isoladamente e seu ambiente físico (ou as exigências do trabalho). Os comportamentos humanos não podem ser corretamente interpretados a partir do universo físico e mental individual (ego → real). Todo ato técnico e toda atividade de trabalho estão submetidos a uma regulação pela interação entre as pessoas; essas interações entre sujeitos (ego → outro) implicam então uma análise da dinâmica intersubjetiva que se deve preferir à analise solipsista. Se a discussão do conceito de trabalho permite iluminar o conteúdo do pressuposto fisicalista em matéria de fator humano, o capítulo em que abordaremos a dimensão coletiva do fator humano dar-nos-á os meios de submeter à crítica os pressupostos subjetivistas e culturalistas na abordagem do fator humano em termos de "recursos humanos".

Paradoxos da inteligência da prática

A inteligência da prática implica, como já vimos, idéia de astúcia. Essa astúcia comporta dois lados: a astúcia em relação ao real, que introduz então a imaginação criadora e a invenção, isto é, a adjunção de qualquer coisa de novo — a inovação — ao que já é conhecido, ao que é o objeto de uma rotina e está estabilizado e integrado à tradição. A astúcia, essencialmente fundamentada na mobilização subjetiva, passa pela familiarização com o processo de trabalho, por colocar em ressonância o corpo com a matéria ou a máquina e por um certo "mimetismo" que permite antecipar e intuir os acontecimentos que poderão produzir-se graças ao jogo de uma sensibilidade intencional.

Mas em relação aos procedimentos e ao trabalho prescrito, a astúcia introduz inevitavelmente, ao mesmo tempo que uma inovação, uma falta à prescrição, um quebra-galho.[4] É nesse nível que se situa o primeiro paradoxo: a atividade, qualquer que seja a situação de trabalho, implica uma excursão fora da tradição e fora da norma.

Assim, a astúcia comporta um segundo lado: a discrição, um espaço privativo, por assim dizer, onde exercer a bricolagem, onde fazer os ensaios e as tentativas fica ao abrigo dos olhares exteriores, ao abrigo dos controles e da segurança, no segredo.

O recurso ao segredo é, além disso, favorecido pelo valor estratégico dos macetes, das ajudas, das descobertas práticas (ver Crozier & Friedberg, 1977). Com efeito, dominar esses macetes confere a quem os detém uma vantagem em termos de autonomia e de poder em relação à hierarquia e aos colegas. Ao usar habilmente as descobertas da inteligência astuciosa, o sujeito pode proteger-se mais eficazmente da fadiga, ou ganhar em produtividade ou em salário; por outro lado, po-

---

[4] O termo quebra-galho (tricherie) não tem aqui um sentido pejorativo como supõem as conotações de senso comum. Ao contrário, ele foi reintroduzido recentemente no mundo do trabalho para designar as infrações cometidas no exercício do trabalho cotidiano, para alcançar o máximo dos objetivos das tarefas fixadas pela organização do trabalho. O termo espontaneamente utilizado pelos operários é fraude. No entanto, trata-se de condutas sem nenhuma intenção de prejudicar. O termo quebra-galho foi preferido. Esse termo, com efeito, tem uma história no mundo do trabalho e designa as maneiras de proceder que permitem alcançar os objetivos procurados, afastanto-se da regra, mas sem trair seus princípios. A costureira, por exemplo, "quebra um galho" com a bainha para arrumar uma desigualdade na altura dos ombros que repercute sobre o enchimento do vestido. O carpinteiro "quebra um galho" com um ângulo para poder ajustar a janela no batente etc.

de negociar de modo mais vantajoso sua posição social e econômica em relação aos colegas e aos superiores hierárquicos.

O segredo tem seus reversos: com efeito, se encaramos a caça ao segredo e ao quebra-galho, é geralmente a partir do olhar da hierarquia no sentido *top-down*, seja por questões de domínio e poder sobre os subordinados numa perspectiva congruente com as exigências do exercício da disciplina, seja por questões de segurança, porque a hierarquia desconfia dos desvios em relação aos procedimentos que poderiam sugerir a tolerância à bricolagem e a outros usos "irregulares".

Portanto, os reversos do segredo e da astúcia são analisados apenas do ponto de vista dos executivos; raramente ou jamais a partir do ponto de vista dos próprios operadores. Ora, o segredo tem também conseqüências desvantajosas para os próprios sujeitos, porque encerra na solidão e na dissimulação o sujeito que trabalha. E também porque o condena, por outro lado, a assumir sozinho a responsabilidade por seus macetes: responsabilidade pelo desrespeito às instruções, responsabilidade pelos riscos que esses macetes podem causar à segurança e até à qualidade — pois mesmo que os macetes contenham sempre uma visão de eficácia em relação tanto à segurança das pessoas e das instalações quanto à qualidade, jamais se está seguro, antes de muito tempo, de sua inocuidade.

Além disso, o quebra-galho e as descobertas da inteligência astuciosa criam inevitavelmente o risco de uma divergência entre os diversos modos operatórios dos membros de um coletivo. O quebra-galho plural arrisca criar uma incoerência e desorganizar a coordenação das atividades e das pessoas — aquilo do que, em geral, os sujeitos têm uma consciência clara. Assim, enquanto defensores do segredo necessário ao próprio exercício da inteligência da prática, os operadores são também os críticos obstinados do "cada-um-por-si". A dimensão do segredo tem pois incidências contraditórias sobre as condutas humanas, com posições contrastantes em relação à atitude a adotar em face do segredo.

Para vencer os inconvenientes do segredo, não há outra possibilidade senão recorrer à publicidade. Sem a publicidade, a responsabilidade não somente pesa apenas sobre uma cabeça como também, e sobretudo, falta ao achado técnico o julgamento pelo outro, aquele sem o qual o achado fica condenado a manter-se fora da tradição e não ser reconhecido como parte integrante do ato técnico; aquilo que faz o sujeito perder o benefício do reconhecimento de suas competências, de seu *savoir-faire*, de sua habilidade, de seu talento ou de sua engenhosidade.

A visibilidade e o problema da confiança

A engenhosidade é pois atravessada inteiramente pela dupla exigência contraditória da discrição e da visibilidade. Por visibilidade é necessário entender aqui o resultado de uma ação voluntária de iluminar, de demonstrar, de fazer publicidade dos achados da engenhosidade, até mesmo de uma ação voluntária de argumentação e de justificação, como se verá mais adiante. A engenhosidade e os artifícios, com efeito, não são facilmente acessíveis à observação do outro. Primeiro por se tratarem de uma única parte de um ato técnico mais amplo que, separada do conjunto no qual está incluída, nem sempre é facilmente demonstrada. Em seguida, porque essa *tacit skill* não é somente tácita. Por vezes, nem mesmo é reconhecida conscientemente pelo próprio sujeito. A tal ponto enraizadas na subjetividade, as *tacit skill* podem às vezes escapar à objetivação pelo próprio sujeito. Os ergonomistas já demonstraram que a inteligência e a habilidade desenvolvidas pelos operadores estão muitas vezes à frente da própria consciência que eles têm delas. Retornaremos a esse ponto, a propósito das relações entre esse retardo da consciência e os fatos de linguagem (formações do linguajar).

A transparência também é profundamente ilusória. A alternativa ao segredo não é a transparência passiva à observação do outro, mas a experiência voluntária do sujeito de colocar em visibilidade, de modo a deixar o quebra-galho inteligível ao outro (Dodier, 1986; Dodier N., 1989).

Surge aqui o problema das condições intersubjetivas e sociais da visibilidade e da publicidade. A forma mais comum da visibilidade no mundo industrial é conhecida pelo nome de "retorno da experiência". Mas, muitas vezes, condições desfavoráveis opõem-se a esses retornos da experiência, em particular as relações de competição entre os operadores, que são ativadas por certas formas de gerenciamento.

A visibilidade é portanto a condição de passagem do estatuto subjetivo de engenhosidade à objetivação de seus achados. A visibilidade aparece então como um elo teórico incontornável de toda concepção científica do fator humano.

O detalhe da análise da visibilidade mostraria que ela é composta de dois níveis: visibilidade ao olhar do outro nas relações de paridade entre colegas de trabalho e visibilidade ao olhar da hierarquia.

Mas o que nos interessa agora não são as condições que prejudicam a visibilidade, mas as condições que a tornam possível.

Essa condição é a confiança entre as pessoas. O início de um processo de visibilidade não é possível na ausência de relações de confiança entre aqueles que mostram e aqueles que observam, vêem ou escutam. Em outros termos, a análise da visibilidade (ou o retorno da experiência) dos achados da inteligência da prática ou da inteligência astuciosa, como corretivo da dimensão do segredo no nível da organização real do trabalho, faz surgir uma outra questão incontornável em toda teoria do fator humano. Como dissemos, o conceito de fator humano não pode ser estabelecido somente sobre a dimensão individual da relação sujeito-tarefa. Ela deve ser pensada a partir da intersubjetividade e das interações (onde a visibilidade é uma forma particular) no coletivo de trabalho. Mas não há aqui coletivo que não seja estabelecido sobre a dinâmica da confiança entre seus membros. Estimar, avaliar ou caracterizar o fator humano numa situação de trabalho é necessariamente fazer referência de modo explícito às relações de confiança entre os membros do coletivo de trabalho. E isso, veremos mais adiante, porque a confiança é não somente o requisito da visibilidade, como também a condição *sine qua non* da coordenação e da cooperação.

Uma importante e recente controvérsia sobre o fator humano trata precisamente da elucidação da natureza da confiança. Do ponto de vista clínico, parece que não há intermediário no mundo do trabalho entre confiança e desconfiança. E isso em razão, parece, das tensões que as relações de poder e dominação criam no mundo social do trabalho. A confiança inscreve-se numa dinâmica de suspensão, de deixar em latência as relações de força no trabalho.

Ora, a desconfiança, empiricamente, é bem conhecida da psicologia clínica e da psiquiatria, porque está no centro de numerosas doenças mentais. Então parece natural procurar na clínica os elementos constitutivos da confiança. Essa pesquisa se verifica enganadora e é necessário admitir que a confiança não decorre, como conceito, da psicologia.

A confiança não se fundamenta nas competências psicológicas, mas nas competências éticas. Está fundamentalmente ligada à efetividade de uma congruência no tempo, entre uma palavra dada e o comportamento que a segue. A confiança decorre do respeito à promessa (Ricœur, 1990). Assim, toda teoria do fator humano deve dar um lugar à dimensão ética, fundamentalmente heterônoma em relação às ciências da natureza.

No interior do coletivo de trabalho e das relações intersubjetivas, de que promessa se trata? Essa promessa diz respeito à eqüidade dos julgamentos pronunciados pelo outro sobre a conduta do ego, no triângulo dinâmico do trabalho. E esses julgamentos dizem respeito a dois pontos, no mínimo, em conformidade com o que já vimos no capítulo de análise do trabalho:

❏ Julgamento das dificuldades práticas encontradas efetivamente pelo ego no exercício de seu trabalho, isto é, em face daquilo que o real faz surgir como resistência e como revés da técnica, em face da tarefa.

❏ Julgamento da qualidade dos arranjos, ajustes, inovações e achados produzidos graças à engenhosidade do ego.

Ou seja, no total, julgamento da maneira como, concretamente, o sujeito que trabalha negocia sua relação com o real do trabalho.

Formas de julgamento do trabalho

Distinguem-se atualmente em psicodinâmica do trabalho dois tipos de julgamento (Dejours, 1993b):

❏ julgamento de utilidade;

❏ julgamento de beleza.

a) O julgamento de utilidade já foi examinado anteriormente no capítulo consagrado à análise dos pressupostos sobre o conceito de trabalho. Esse julgamento de utilidade técnica, social ou econômica da atividade singular do ego, de início qualitativo, confere ao ato técnico sua inscrição na esfera do trabalho. Sem avaliação utilitarista, o ato técnico pode decorrer tanto do lazer quanto do trabalho.

Quem está em posição de proferir o julgamento de utilidade? Essencialmente aqueles que em relação ao ego ocupam uma posição hierárquica: o chefe, o executivo, o organizador são os que estão mais bem colocados para avaliar a utilidade. Mas eles não são os únicos. Os subordinados ao sujeito também têm prerrogativas no registro de julgamento de utilidade, porque podem se dar conta da utilidade de seu próprio trabalho, pela atividade desenvolvida por seu chefe ou diretor. Enfim, os clientes são juízes da utilidade do trabalho de produção ou de serviço, já que estão diretamente em relação com o ego — o que cada vez ocorre mais, em função das orientações atuais da gestão e da administração (gestão por resultados, centro de benefícios etc.)

b) O julgamento de beleza. O primeiro lado do julgamento de beleza diz respeito à conformidade do trabalho, da produção, da fabricação ou do serviço com as artes do ofício. Esse julgamento confere qualitativamente ao ego o pertencimento ao coletivo ou à comunidade de pertença. É a partir do julgamento de conformidade ao trabalho que o sujeito recebe de volta um julgamento sobre aquilo que faz dele um indivíduo como os outros. Esse julgamento diz respeito então às qualidades comuns ao ego e ao outro. Ele contém sempre, na sua enunciação, um julgamento sobre a beleza do trabalho efetuado: "É uma bela construção", "é uma bela obra de engenharia", "é uma demonstração matemática elegante", "é uma bela exposição do tema", "é um belo quadro de força e luz". Quem está em posição de pronunciar tal julgamento? De início, aqueles que conhecem bem, senão melhor que o ego, as artes do ofício, isto é, essencialmente os pares, os colegas, até mesmo os contramestres.

O segundo lado do julgamento de beleza é contingente. Constitui, de certa forma, um julgamento mais significativo, mesmo que seja o julgamento mais comum — aquele que, de longe, tem mais valor. Consiste, além do reconhecimento da conformidade às artes do ofício, em apreciar o que faz a distinção, a especificidade, a originalidade e até mesmo o estilo de trabalho. Em contrapartida, tal julgamento confere ao ego o reconhecimento de sua identidade singular ou de sua originalidade, isto é, da especificidade em nome da qual o ego não é precisamente idêntico a nenhum outro. Aqui ainda, o julgamento é essencialmente proferido pelo outro na linha horizontal de paridade.

O reconhecimento

Esses julgamentos dizem respeito especificamente ao trabalho, à atividade, isto é, ao fazer e não ao ser do ego. O que se avalia e julga é o trabalho e não a pessoa. Ontologicamente é somente num segundo tempo que o ego está em condições de repatriar essa conquista obtida no registro do fazer para a realização do eu e da construção da pessoa ou da identidade.

Essas considerações permitem compreender como o julgamento do trabalho pode funcionar, no registro da subjetividade, como reconhecimento pelo outro. Reconhecimento da qualidade de seu trabalho, até mesmo de sua contribuição à gestão e à evolução da organização do trabalho. Na perspectiva de uma teoria do fator humano, esse ponto é absolutamente essencial: o reconhecimento é a forma específica da retribuição moral-simbólica dada ao ego, como compensação por sua contribuição à eficácia da organização do trabalho, isto é, pelo engajamento de sua subjetividade e inteligência. Assim, estamos agora em condições de fechar a dinâmica da visibilidade dos achados da inteligência.

A visibilidade supõe um risco subjetivo. Esse risco só pode ser assumido num contexto intersubjetivo de confiança. A confiança decorre do respeito a uma promessa de um julgamento eqüitativo sobre o fazer, onde o ego gerencia sua relação com o real da tarefa. Esse julgamento é eqüitativo se os argumentos considerados estão relacionados efetivamente com o fazer (a atividade) e não se encontram distorcidos por argumentos heterônomos decorrentes da estratégia do outro, concernentes ao poder e à dominação. Enfim, o desafio desse julgamento são o reconhecimento e suas incidências nas expectativas do ego em relação à realização do eu, isto é, na construção de sua identidade (pertença e originalidade).

Essa dinâmica complexa introduz na regulação da inteligência prática (ou da engenhosidade) entre segredo e visibilidade duas dimensões heterônomas ao mundo objetivo: a dimensão da ética (respeito da promessa de eqüidade) e a dimensão psicoafetiva (reconhecimento e realização do eu).

Arbitragem e cooperação

Quando as condições éticas e intersubjetivas da visibilidade estão reunidas, é possível abordar uma etapa decisiva para toda organização do trabalho — a que permite regular a tensão inevitável entre individualismo e cooperação.

As descobertas da inteligência da prática — que nenhuma organização do trabalho pode ignorar sem se arriscar, em face do real, a provocar o que comumente se chama de greve do zelo — podem gerar efeitos desorganizadores. Ainda que visíveis e reconhecidos, os achados da engenhosidade, em razão de seu efeito de divergência sobre a organização do trabalho, não podem ser mantidos como promessas, sob o risco de arruinarem as condições materiais da coordenação. Por isso, é necessário colocar os achados técnicos (macetes, truques, bricolagem, ajudas) à prova de uma discussão, de um debate sobre as vantagens e os inconvenientes de adotá-los, estabilizá-los ou integrá-los, de alguma forma, à tradição da empresa ou do ofício.

Trata-se de chegar enfim às arbitragens em que o desafio principal é a coordenação das atividades e das inteligências singulares na cooperação do coletivo de trabalho. A soma dessas arbitragens, que elimina certos modos operatórios e estabiliza outros, consegue, no melhor dos casos, fazer evoluírem as regras de trabalho que estão numa relação dialética com a organização do trabalho prescrito, que elas subvertem para melhorá-la.

Essa etapa fundamental das arbitragens é, propriamente, uma atividade normativa, isto é, uma atividade pela qual são produzidas as normas de trabalho, sem as quais a cooperação não é mais possível e nenhum coletivo poderia existir. Lembramos que, do ponto de vista teórico, nessa última etapa mudamos progressivamente de nível de análise: tratando-se do conceito de trabalho e da abordagem da ergonomia, da antropologia das técnicas, da etnografia industrial e da antropologia histórica, situamo-nos no nível do par tarefa-atividade, isto é, no nível da inteligência no singular.

Tratando-se da coordenação (o trabalho é uma atividade coordenada útil), mudamos o nível de análise. A psicodinâmica do trabalho estuda as condições de articulação das inteligências singulares, na coordenação de atividades, no nível da organização do trabalho como um todo ou de um segmento dessa organização. Nesse ponto, encontramos então a distância entre a organização do trabalho prescrito e a organização do trabalho real. Este último toma o lugar da distância inicial entre tarefa e atividade, de modo que passamos do singular ao plural, do individual ao coletivo, do solipsismo à intersubjetividade, da inteligência astuciosa à cooperação.

Fator humano e espaço de discussão

A gestão cotidiana da distância entre a organização prescrita do trabalho e a organização do trabalho real implica pois, além disso, a visibilidade dos modos operatórios reais, de arbitragens repetidas que são necessárias à coordenação. Ora, essas arbitragens só requerem a visibilidade e a publicidade. Trata-se também de condições específicas de discussão. A confiança, se é uma das condições de discussão, não é, todavia, suficiente. É necessário ainda existir um espaço aberto à livre discussão dos agentes. Esse espaço é conhecido no plano teórico como "espaço de discussão", isto é, um espaço onde podem ser formuladas livremente e sobretudo publicamente as opiniões eventualmente contraditórias, em vista de proceder a arbitragens e de tomar decisões sobre as questões que interessam o futuro do serviço, do departamento, da empresa ou da instituição e que portanto também dizem respeito ao futuro concreto de todos os membros que os constituem.

Esse espaço de discussão é, pois, essencialmente voltado à deliberação coletiva, tempo essencial a toda gestão prudente e racional do processo de trabalho, da segurança das pessoas e das instalações e da vida comunitária.

Trabalhar, pois, não é somente executar os atos técnicos, é também fazer funcionar o tecido social e as dinâmicas intersubjetivas indispensáveis à psicodinâmica do reconhecimento, que, como vimos anteriormente, é o caráter necessário em vista da mobilização subjetiva da personalidade e da inteligência.

Ora, os argumentos da discussão sobre a organização real do trabalho, já vimos, não são de ordem técnica. Eles são também relativos aos desejos, às crenças, às posições ideológicas e às escolhas éticas dos indivíduos que trabalham e intervêm no espaço de discussão. Em outros termos, a natureza dessas idéias ou desses pontos de vista decorre da opinião, que é apenas uma opinião estabelecida sobre as considerações que não competem a um único conhecimento científico. É uma dimensão teórica do fator humano que, apesar de capital, em geral não é considerada nos pressupostos teóricos dos dois tipos de encaminhamentos que estudamos. O fator humano não pode ser reduzido nem a sua dimensão científica ou técnica, nem a sua dimensão psicológica.

No que concerne ao componente ético do fator humano, os dois pressupostos — fisicalista e subjetivista-culturalista — pecam por terem ignorado ou afastado essa dificuldade que constitui a autonomia. O espaço onde são formuladas publicamente as opiniões é, pois, *stricto sensu*, um espaço de discussão que teoricamente está ligado ao conceito de espaço público (onde são discutidos os negócios da cidade) pelas propriedades que estão atualmente em análise. Esse espaço de discussão aberto à deliberação coletiva é o que permite, no melhor dos casos, alcançar um consenso. Em outros casos, a discussão não permite chegar a um consenso, o que não impede que decisões racionais não possam ser tomadas. Com efeito, as decisões que resultam de uma deliberação não são comparáveis às decisões sem deliberação coletiva. Não têm as mesmas conseqüências. As conseqüências de uma decisão são analisáveis após os fatos. Podem ser avaliadas de um modo bem mais exaustivo e construtivo, se for possível fazer referência à deliberação que a precedeu. Não podem ser racionalmente avaliadas se todos os argumentos não são discutidos previamente. É necessário ainda, para o espaço de discussão funcionar, que os sujeitos que aí intervêm possam compreender-se — o que não acontece naturalmente. Pode-se falar para não dizer nada, ou falar sem a intenção de discutir ou ser discutido. Pode-se ainda, por outro lado, escutar sem ouvir. As condições de comunicação são centrais aqui.

Três dimensões devem ser aqui consideradas: a inteligibilidade, o sofrimento e a autenticidade. No caso onde os critérios relativos a essas três dimensões forem idealmente satisfeitos, pode-se chegar a construir uma interpretação comum ou um senso comum (ou partilhado) relativos aos comportamentos individuais e coletivos no trabalho, que são, além de tudo, o próprio objeto que toda pesquisa se esforça em analisar e teorizar na questão do fator humano.

a) A inteligibilidade. A inteligibilidade dos comportamentos não acontece naturalmente e a intenção de torná-la visível, ainda que constitua uma condição *sine qua non* da inteligibilidade, não é suficiente. A fonte principal de dificuldades está nos meios retóricos e comunicacionais que cada um dispõe para tornar compreensível as razões de agir e os raciocínios práticos do sujeito que trabalha. Ora, nesse nível existem desigualdades importantes, em particular porque, para exprimir e justificar as razões de agir, é necessário passar pela linguagem. E a linguagem não é neutra. Com efeito, os lingüistas, em particular os que se dedicam à sociologia da linguagem, mostraram que a atividade semiótica, isto é, a atividade que consiste em simbolizar pela linguagem a experiência de trabalho, é dissimétrica. É bem mais desenvolvida pelos que ocupam postos executivos, por engenheiros, por planejadores, do que por operários, técnicos e empregados. Não somente o vocabulário, o léxico, permitindo considerar a atividade real dos primeiros, é bem mais desenvolvido que o dos segundos, como também, por outro lado, a organização sintáxica das "práticas do linguajar" sobre o trabalho real exprime bem mais adequadamente o ponto de vista e a experiência dos primeiros que dos segundos. É como se a passagem obrigatória pela linguagem comum implicasse inevitavelmente entre os parceiros um desequilíbrio de inteligibilidade, que reitera o desequilíbrio de relações sociais. Para considerar essa desigualdade semiótica, os lingüistas introduziram o conceito de "formação do linguajar" (Boutet & Fiala, 1976). A formação do linguajar, refletida no nível lingüístico, é o que a sociologia identifica como dominação simbólica (Bourdieu, 1984). Desse desequilíbrio resulta uma dificuldade de considerar a atividade real do trabalho e as razões de agir que ela subentende, o que prejudica, por sua vez, a visibilidade e a inteligibilidade — em última instância, portanto, a comunicação dos motivos da ação e a qualidade da discussão. O preço a pagar é a dificuldade considerável encontrada por quem trabalha para fazer o outro compreender sua experiência do que chamamos de "real do trabalho" (que resiste ao domínio). Por isso já assinalamos que a inteligência está muitas vezes além da consciência e do conhecimento dos sujeitos que, no entanto, colocam-na em ação. Esse paradoxo está fortemente ligado aos limites semióticos inerentes às formações do linguajar e às práticas discursivas, que trazem a marca das relações sociais e da desigualdade entre os estatutos sociais.

b) O sofrimento e as defesas contra o sofrimento. Mas existe um outro obstáculo à comunicação e à discussão no registro da inteligibilidade. Já vimos que o exercício da inteligência na situação de trabalho ou de engenhosidade muitas vezes implica quebrar galhos em relação às prescrições, aos regulamentos e aos procedimentos. Nessa situação não há somente um risco jurídico, há também, muitas vezes, o sofrimento, porque os riscos geralmente são acompanhados por uma ambivalência afetiva. Em face do sofrimento, o ego não fica passivo, ele se defende. As pesquisas em psicodinâmica e psicopatologia do trabalho mostram que existem defesas individuais e coletivas contra o sofrimento no trabalho. E essas defesas têm em comum funcionar como atenuadores da consciência desse sofrimento, como uma espécie de analgésico (Dejours, 1993a).

Compreenderemos facilmente que os esforços de visibilidade chocam-se diretamente com o esforço para eufemizar a consciência do sofrimento. Devemos também considerar, na análise da qualidade da discussão e da deliberação, as distorções de comunicação ocasionadas pelas estratégias coletivas de defesa contra o sofrimento (Dejours, 1992).

c) A autenticidade. A autenticidade da palavra expressada no espaço de discussão é, além dos obstáculos à inteligibilidade, uma outra fonte de dificuldades para a comunicação. Em concorrência com a autenticidade do falar erguem-se os interesses estratégicos em termos de poder mencionados na parte consagrada à visibilidade. Em regra, a autenticidade só pode ser esperada se entre o ego que fala e o outro que escuta existe uma relação de eqüidade. Tomar a palavra para expressar publicamente as razões de agir comporta sempre um risco. Esse risco só pode ser atenuado quando escutar representa também um risco: o de ser desestabilizado na sua análise, na sua compreensão e na sua opinião, ao considerar a opinião do outro. Assim, pode acontecer que, ao escutar as razões de agir do ego em sua atividade de trabalho, o outro descubra um real que até então tinha ignorado ou subestimado, o que pode conduzir a uma desestabilização por vezes dolorosa, até mesmo insuportável, de sua própria relação de trabalho, onde ele se defende, por sua vez, esforçando-se por não compreender ou não escutar aquilo que diz o ego.

Trabalho e ação

Ao permanecermos no nível solipsista de análise do trabalho, o conceito de atividade é suficiente. Ao contrário, quando nos deslocamos ao nível da dimensão coletiva do trabalho e passamos para o registro da distância entre a organização do trabalho real e a organização prescrita do trabalho, é necessário introduzirmos os elos intermediários da deliberação coletiva, da confrontação de opiniões e do espaço de discussão. A atividade coletiva que se desenvolve nesse nível não decorre da aplicação do conhecimento experimental. Ela passa por uma atividade propriamente deôntica, isto é, de construção de normas, regras e valores, sem os quais não há trabalho nas condições sociais e históricas das sociedades industriais modernas.

Em termos mais teóricos, somos assim conduzidos a admitir que o trabalho não pode ser apreendido somente pelas categorias clássicas da produção (*poïèsis*). Ele implica também categorias teóricas da ação (práxis), onde todos os elos intermediários (visibilidade, confiança, julgamento, reconhecimento, arbitragem, discussão, racionalidade comunicativa) são as categorias extraídas da "teoria da ação" (Ladrière; Pharo & Quère, 1993).

Em outros termos, desde que consideramos a dimensão essencial que constitui a cooperação nas situações comuns de trabalho, temos de nos referir, no plano teórico, não somente à teoria da atividade, mas também à da ação. Assim, a análise crítica dos pressupostos teóricos da pesquisa sobre o fator humano nos conduz agora ao limite do contexto epistemológico no qual ela se situa.

Porque, ao reconhecermos que o trabalho comum não pode ser recapitulado sob o primado das leis da natureza e ao introduzirmos a dimensão específica da ação, somos inevitavelmente conduzidos a indagar se um conceito de fator humano, unificando os diversos componentes do trabalho que encontramos, é epistemologicamente possível e em quais condições.

PARTE 2

Problemas epistemológicos colocados pela noção de fator humano

Inicialmente, buscamos saber se a tecnologia subordinava-se à prescrição racional da ciência, entendida como ciência experimental ou *ciência da natureza*; ou se, em virtude de também resultar de determinações sociais, históricas e culturais, a tecnologia inscrevia-se sob o primado da antropologia e das *ciências humanas*.

Analisamos, em seguida, o conceito de trabalho. A partir das dimensões coletivas do trabalho deduzimos que, pelo menos em parte, a cooperação das atividades e das inteligências advém da categoria da *ação* (práxis) e não somente da *fabricação* (*poïèsis*).

Do ponto de vista teórico, fizemos a passagem entre dois níveis de análise, e se o trabalho não pode ser colocado inteiramente sob o primado da metodologia das ciências experimentais é porque decorre:

◘ não somente do mundo humano e não unicamente do mundo da natureza (primeiro nível de análise);

◘ mas também da ação e não unicamente da atividade (segundo nível de análise).

Para dizer de forma sucinta, a consideração da teoria da ação, na conceitualização do fator humano, levanta a questão da contradição entre as diferentes racionalidades que organizam as condutas humanas no trabalho. Na medida em que as condutas humanas no trabalho não podem ser analisadas em sua integralidade pela metodologia das ciências experimentais, surge a seguinte questão: é possível uma análise científica do fator humano?

Que estatuto atribuir às análises das condutas humanas que não decorrem do método experimental? Essa questão passa pelo "estudo crítico das ciências, destinado a determinar sua origem lógica, seu valor e sua importância" (dicionário *Robert*). Podemos substituir essa definição convencional por uma outra que situa a epistemologia, como aliás toda ciência e toda filosofia, mais perto dos encaminhamentos intelectuais das quais elas são o resultado: "A epistemologia é uma disciplina cujo objetivo é elucidar a natureza e os modos de encaminhamento cognitivo, ou seja, um encaminhamento intelectual visando à produção de conhecimentos, e esclarecer os princípios que explicitam as práticas cognitivas efetivas, vistas em toda a sua variedade. Em um sentido mais restrito, a epistemologia é identificada com a reflexão sobre uma prática cognitiva particular, a prática científica. Um dos problemas que tal reflexão coloca é determinar o que faz a cientificidade de um discurso e, correlativamente, saber se há um modelo único ou, ao contrário, múltiplas formas de cientificidade" (Ladrière, 1991:107-8).

Nesses termos, a questão "É possível uma análise científica do fator humano?" está claramente relacionada ao problema geral do estatuto científico dos diferentes procedimentos convocados para dar conta das condutas humanas. As ciências humanas e a teoria da ação, das quais, *nolens volens*, todos os teóricos do fator humano se nutrem, são ciências no sentido integral da palavra?

A questão é debatida há um século. Só abordaremos aqui os argumentos indispensáveis àqueles que se interessam pelos problemas científicos colocados pela noção de fator humano. Para essa questão há, em uma primeira abordagem, duas respostas possíveis:

❐ as ciências do espírito não são ciências. Essa resposta é adotada por inúmeros cientistas, notadamente os da corrente positivista na linha de Augusto Comte, Claude Bernard e Karl Popper;

❐ a segunda resposta consiste em sustentar o estatuto científico das ciências do espírito. Mas esse estatuto tem que ser diferente daquele das ciências experimentais.

Em uma segunda abordagem, é possível retornar à distinção entre as duas categorias de ciências. É essa uma distinção irredutível ou podem-se visualizar convergências susceptíveis de constituir a base de um estatuto epistemológico comum às ciências humanas e às ciências da natureza? Enfocaremos sucessivamente quatro pontos:

❐ as teorias da ação e a crítica da racionalidade;

❐ a divisão interna das ciências humanas, do ponto de vista epistemológico;

◘ a distinção entre as ciências empírico-analíticas e as ciências histórico-hermenêuticas;

◘ a unidade entre as ciências do homem e as ciências da natureza.

Ao término desse encaminhamento, estaremos em condição de retornar ao modelo de homem nas ciências do trabalho e às diferentes escolhas possíveis para uma problematização do fator humano que leva em conta da forma mais rigorosa a abordagem específica das ciências do "homem em situação de trabalho".

CAPÍTULO 1

Teoria da ação e crítica da racionalidade

As três formas de agir

Existem hoje muitas correntes daquilo que se convencionou chamar de teoria da ação (ver Introdução a Ladrière; Pharo & Quère, 1993). Partiremos da teoria de Habermas, pois, herdeira dos trabalhos da escola de Frankfurt (Horkheimer, Adorno, Marcuse...), é a que mantém mais estreitamente os vínculos entre epistemologia e teoria social (Habermas, 1976).

Na teoria da ação, Habermas distingue três tipos de agir:

◘ agir instrumental ou teleológico;

◘ agir moral-prático;

◘ agir expressivo.

O agir instrumental é orientado para um fim a ser atingido, no mundo das coisas. Esse agir, que visa à transformação do mundo físico e material, está submetido a uma racionalidade: a racionalidade instrumental, que é também denominada cognitiva-instrumental ou racionalidade em relação a um objetivo visado. Esse agir desdobra-se em um mundo: o mundo dos estados de coisas ou mundo objetivo. Os critérios de validação da racionalidade de ação no mundo objetivo são: o verdadeiro e o eficaz.

O agir moral-prático é orientado para o entendimento, suporta o objetivo do viver em conjunto e diz respeito à vida boa. É essencialmente desse agir que trata a tradição filosófica a partir de Aristóteles (*Ética a Nicômaco*). Esse agir é pois orientado para a sociedade, o vínculo social, o civismo comum e, além dos atos civis, os atos cívicos que dizem respeito aos negócios da cidade. Há portanto um vínculo direto entre o agir moral prático e o político, estando as duas ordens fundamentalmente assentadas sobre bases comuns (Pharo, 1991).

O agir teleológico, mesmo que vise em primeiro lugar a uma finalidade no mundo objetivo, afeta freqüentemente, se não sempre, as pessoas e, por isso, tem incidências morais-práticas. Quando esse agir visa exclusivamente a uma finalidade material e as pessoas intercaladas entre o sujeito agente e a finalidade a ser atingida são utilizadas ou manipuladas de forma a se obter que elas próprias orientem seu comportamento para a finalidade buscada pelo sujeito da ação, diz-se tratar-se de um agir estratégico. É por isso que encontramos os dois termos para caracterizar o agir instrumental: agir teleológico ou agir estratégico.

Por outro lado, quando o agir visa essencialmente a um objetivo relativo ao viver em conjunto e à vida boa, trata-se de um agir moral-prático. O termo prático designa aqui não o oposto de teórico, mas o oposto de instrumental, isto é, aquilo que interessa essencialmente às questões humanas, o que passa pela deliberação e a decisão, diferenciando-se daquilo que se deduz pelo cálculo ou pelo funcionamento de um sistema, com características estáveis e desempenhos regulares, reproduzíveis e previsíveis. O termo prático remete especificamente à ordem da práxis, isto é, da ação resultante de uma escolha moralmente deliberada, ante situações que não podem ser dominadas teoricamente pelas ciências experimentais, porque são afetadas por aquilo que é incerto, às vezes pelo inédito, pela mudança, onde se manifestam particularmente as expressões da liberdade humana (Ladrière, 1990).

A racionalidade do agir moral prático é designada pelo termo de racionalidade em relação a normas e valores, ou racionalidade axiológica.

O mundo onde se efetua a ação moral-prática é, antes de mais nada, o mundo social. Os critérios de validação da racionalidade axiológica não são o verdadeiro e o eficaz, mas o justo (e o injusto) e mesmo o eqüitativo.

O agir expressivo, enfim, é constituído pelas formas através das quais a ação deve ser posta em cena para que sua legitimidade e sua justificação possam ser compreendidas pelo outro. O agir expressivo está ligado à dimensão intersubjetiva, inerente a toda ação. A ação, com efeito, não se conjuga no singular. Por essência, não é solipsista. Ora, a expressividade, a forma pela qual a ação é apresentada, é ela mesma submetida a uma racionalidade. Certas formas são adequadas para que a ação seja compreendida pelo outro, e certas formas expressivas a tornam ininteligível e correm o risco de levá-la ao fracasso. Essa noção de agir expressivo é derivada dos trabalhos do sociólogo Erwing Goffman e de sua teoria da representação do eu na vida cotidiana (Goffman, 1973), segundo a qual toda ação, para ser racional, deve passar por uma dramaturgia adequada, em função do lugar, do tempo e do contexto cultural, social e histórico da ação.

A racionalidade, à qual o agir expressivo está submetido, leva o nome de racionalidade dramatúrgica ou racionalidade em rèlação à representação do eu. O mundo que alimenta o agir expressivo é o mundo subjetivo. Os critérios de validação são a veracidade, a autenticidade e a coerência expressiva.

Crítica da racionalidade da ação

Agir	Racionalidade	Mundo	Critério de validação
Teleológico ou estratégico	Cognitivo-instrumental ou em relação a um fim	Objetivo	Verdade Eficácia
Moral-prático	Axiológico ou em relação a normas e valores	Social	Justo Eqüitativo
Expressivo ou dramatúrgico	Em relação à representação do eu	Subjetivo	Veracidade Autenticidade Coerência expressiva

Fontes: Habermas, 1989; Ladrière & Gruson, 1992.

Mas em geral toda ação desenvolve-se simultaneamente nos três mundos. Dito de outra forma, não existe ação puramente instrumental, puramente moral ou puramente expressiva. Toda ação em um dos mundos tem reflexos nos dois outros. É o caso, em particular, do trabalho, que implica inicialmente um objetivo técnico ou um objetivo de produção, de fabricação etc., submetidos aos critérios da eficácia (ou da utilidade). Mas o trabalho desenvolve-se também no mundo social, pois trabalhar supõe não só que os agentes cooperem, mas também que consigam viver lado a lado e se compreendam, a fim de que a violência seja conjurada. Por fim, o trabalho necessita também de esforços pessoais da parte de cada trabalhador, um engajamento subjetivo, uma mobilização e uma aceitação de riscos engajando a saúde física e mental; de expectativas em relação à auto-realização, à construção da saúde e ao reconhecimento; e de defesas contra o sofrimento.

Portanto, o trabalho desenvolve-se também no mundo subjetivo e não somente nos mundos físico (objetivo) e social.

A crítica da racionalidade consiste em uma crítica da avaliação da ação auto-referente dos únicos critérios de verdade, eficácia e utilidade. A racionalidade restrita (à racionalidade cognitiva-instrumental) tende, efetivamente, a ganhar terreno na análise que é feita da esfera do trabalho no contexto social-histórico da modernidade, e isso entre os atores tanto sociais quanto científicos, também compreendendo as ciências do trabalho. Assim, as abordagens do fator humano, notadamente as que encontramos no início de nosso estudo em torno da corrente anglo-saxônica dos *human factors*, são amplamente submetidas a esse pressuposto epistemológico do primado da racionalidade cognitiva-instrumental. O que escapa aos critérios de validação da verdade experimental e de eficácia é remetido à "metafísica", em uma acepção pejorativa do termo, e mesmo à irracionalidade ou ao obscurantismo.

As conseqüências são pesadas no plano teórico, que é o que nos interessa particularmente, na medida em que a denegação e mesmo a negação das outras racionalidades (axiológica e dramatúrgica) conduzem a análises muito simplificadoras e mesmo errôneas. A principal forma na qual se expressa o primado epistemológico da racionalidade restrita na concepção do fator humano é a de interpretar todos os comportamentos ineficazes em face da racionalidade teleológica ou estratégica como falhas humanas, quando que se trata, muito freqüentemente, de condutas racionais e não de erros.

Com efeito, a partir do momento em que se consideram os três registros de racionalidade de ação, às vezes torna-se racional suspender o primado da racionalidade de finalidade, para respeitar exigências oriundas das outras esferas de racionalidades. O problema epistemológico posto pela racionalidade da ação resulta do caráter contraditório das exigências relativas às três racionalidades. O problema prático (isto é, advindo da razão prática ou da práxis) é que uma conduta racional implica sempre um compromisso e não pode proceder de outra forma, a não ser por um compromisso; na melhor das hipóteses, de um compromisso refletido, pesado, pensado. A "sabedoria prática" supõe, então, que a ação esteja ligada a uma decisão cuja racionalidade está subordinada à qualidade da deliberação que a precede.

Quando se considera, como vimos no capítulo precedente, a dimensão que no trabalho decorre da ação, não se pode mais ficar circunscrito ao referencial da aplicação eficaz ou ineficaz de uma prescrição científica, no sentido que o termo aplicação possui dentro da noção de "ciência aplicada". É preciso mudar de registro e colocar as questões relativas aos comportamentos dentro do trabalho em termos de racionalidade e não em termos de verdadeiro ou falso, de verdade ou de erro.

Da perspectiva aberta pela crítica da racionalidade (restrita), surge uma nova questão: se a teoria da ação atribui à decisão o estatuto de um conceito, a deliberação pode ser, ela mesma, susceptível de responder a uma exigência de racionalidade, ou está aberta a qualquer outra possibilidade, sem recurso a nenhuma forma de ordem?

O agir comunicativo

Atualmente essa questão está no centro das controvérsias sobre a teoria da ação. Enfrentar uma deliberação racional é, antes de tudo, interrogar-se sobre as condições de possibilidade de uma deliberação coletiva eficiente, o que não acontece espontaneamente. Da questão inicial da racionalidade, somos conduzidos a uma outra questão: a da intercompreensão, que constitui, de certa forma, a condição *sine qua non* de uma deliberação, uma discussão ou um debate racionais.

É essencialmente pelo recurso às pesquisas filosóficas destes últimos 30 anos sobre a filosofia da linguagem que é possível formular respostas à questão da intercompreensão: K. O. Apel, Searle, Austin e Wittgenstein, além de Gadamer, Habermas e Ricœur, para citar apenas os mais importantes.

Muitas respostas são atualmente propostas, algumas das quais fundamentam-se na teoria dos jogos, na inteligência artificial, na lógica formal e na lingüística estrutural e desembocam nas teses conhecidas como "teoria analítica da ação" (Neuberg). Essa teoria inspira-se principalmente nos trabalhos da escola de Viena e é alimentada pelos autores anglo-saxões. As outras respostas são tomadas de empréstimo, principalmente da escola de Frankfurt e dos autores de língua alemã.

Habermas responde à questão da deliberação e da decisão introduzindo o conceito de "agir comunicativo". A racionalidade comunicativa, apoiando-se na intercompreensão e orientada para o entendimento, é um ideal com estatuto conceitual. A análise da racionalidade comunicativa passa por um programa científico centrado na elucidação das distorções da comunicação (falsificando a qualidade da deliberação) que são propostas como objeto específico das ciências sociais críticas.

Do ponto de vista de nosso percurso de análise dos pressupostos concernentes às teorias do fator humano, destacaremos, da crítica da racionalidade, que no trabalho, como em toda outra situação, a racionalidade de uma ação, uma conduta ou um comportamento deve ser julgada em relação àquilo que ela implica nos três mundos onde se efetua o trabalho. Como não existe critério que englobe as três racionalidades, a racionalidade da ação só pode ser estabelecida sobre a base de uma discussão contraditória, levando, no melhor dos casos, a um consenso. Reencontramos aqui as bases epistemológicas da noção que tínhamos encontrado no item sobre o trabalho: a do "espaço de discussão" (aberto à racionalidade comunicativa) interno à empresa, como condição *sine qua non* da cooperação.

Capítulo 2

As ciências humanas e sua divisão interna

Na tradição epistemológica, que remonta ao fim do último século, distinguimos dois tipos de ciências: as ciências da natureza e as ciências do espírito, que na França denominamos mais comumente "ciências do homem". Mas essa oposição, que tem real legitimidade no plano epistemológico, não delimita exatamente o que ocorre no nível das disciplinas. Entre as ciências humanas contamos a psicologia, a sociologia, a etnologia, a antropologia, a história, a economia e a lingüística que, claro, têm a ver com as ciências do espírito. Mas nenhuma dessas disciplinas decorre, em sua totalidade, da epistemologia das ciências humanas. A lingüística, por exemplo, é constituída de inúmeras subdisciplinas. Opõem-se, assim, em seu interior, a sociologia da linguagem e a pragmática, de um lado, e a fonologia, de outro. No entanto, esses dois grupos de subdisciplinas não reclamam o mesmo estatuto epistemológico. As primeiras decorrem essencialmente das ciências humanas; as segundas, das ciências da natureza.

O mesmo acontece com a psicologia, a psicofisiologia, a neurofisiologia, a afasiologia e a etologia humana e animal, que decorrem essencialmente das ciências da natureza, enquanto a psicopatologia, a psicanálise, a psicologia dos pequenos grupos etc., decorrem das ciências do espírito.

Essa repartição entre dois agrupamentos de subdisciplinas, além do mais, não culmina com uma identificação perfeitamente pura do ponto de vista epistemológico. Para tomar apenas o exemplo da psicanálise, muitos autores, a começar por Freud, consideram que ela decorre das ciências da natureza. A etologia humana não pode ser considerada unicamente uma ciência da natureza; a afasiologia é inteiramente aprisionada na estrutura simbólica e cultural, sem cuja referência é impossível analisar os problemas da linguagem e do pensamento desencadeados pelas lesões do sistema nervoso central.

E a ergonomia? Inscreve-se no referencial epistemológico de uma ciência humana ou de uma ciência da natureza? (Daniellou, 1992).

Finalmente, é preciso admitir que a consideração das duas grandes linhas epistemológicas conduz à constatação de que muitas das disciplinas e das subdisciplinas são atravessadas pelas duas ordens epistemológicas e que freqüentemente é preciso fazer face ao problema da heterogeneidade epistemológica das disciplinas.

E por que isso ocorre? Seria porque essas distinções epistemológicas não são pertinentes? Ou porque as disciplinas pertencentes às ciências humanas são profundamente incoerentes ou imaturas, ou ainda seria por causa de querelas ideológica e socialmente determinadas entre os pesquisadores, tomados pelo gosto da polêmica?

A heterogeneidade em causa não vem da ciência. Sua origem está no mundo. É o mundo que é heterogêneo; ou mais exatamente, é o homem que introduz a heterogeneidade em relação à natureza. Com efeito, o homem pertence aos dois mundos. Como já tivemos a ocasião de ver na parte 1, o homem pertence ao mundo natural, notadamente por seu corpo biológico, mas também pertence ao mundo da ação ou do espírito, essencialmente por sua capacidade de manipular e, sobretudo, de criar símbolos. Fundamentalmente, se o homem pertence ao mundo do espírito, do qual aliás é o construtor, é em razão de sua capacidade de participar das interações simbólicas mediatizadas pela linguagem.

As leis

Quando dizemos que o homem pertence ao mundo da natureza, indicamos que o funcionamento e, em parte, o comportamento humano são submetidos a leis. Leis imutáveis, estáveis, universais, que decorrem, em última instância, das leis da matéria. A parte do homem que decorre das leis da natureza possui caracteres regulares, previsíveis, reprodutíveis e analisáveis experimentalmente. Em se tratando do corpo pode-se, sobre essa base, construir uma biologia experimental.

Mas, por outro lado, o homem caracteriza-se por sua diversidade, não só sincrônica como também diacrônica. O homem e os homens têm uma história. As sociedades têm uma história. Portanto, os homens e as sociedades, pela ação, escapam, ao menos parcialmente, das leis imutáveis da natureza. É o que se designa pelo termo de anormal, isto é, aquilo que escapa das leis da natureza e que decorre da liberdade: distinção kantiana dificilmente contornável.

Quer-se com isso dizer que no mundo da ação não haveria leis? Entretanto, não há sociedade sem leis. A diferença aqui é que as leis são construídas pelo próprios homens. São denominadas leis instituídas, para distingui-las das leis naturais. Em relação a essas leis o homem não está em uma relação de submissão absoluta. Ele brinca com elas, subverte-as e transforma-as. O que acaba de ser dito aplica-se às regras do trabalho, que têm o estatuto de leis instituídas. É possível estudar, empírica e teoricamente, como essas regras se transformam.

As condutas humanas no mundo da ação não são, todavia, anárquicas. Mas não são reproduzíveis de forma idêntica e não podem ser estudadas pelo método experimental. O anormal não é sinônimo de anárquico. Essa distinção entre natural e anormal é retomada, tradicionalmente, na oposição natureza-cultura. Mas a cultura tem também sua organização interna e impõe suas exigências às condutas humanas, sem lhes determinar, todavia, como uma causa poderia produzir um efeito. Em outras palavras, a liberdade humana, se existe, é sempre entravada e delimitada, está sempre em uma relação dialética com a exigência.

Para levar em consideração essa contradição, no plano teórico será necessário efetuar um deslocamento conceitual: substituir o caráter necessário de um comportamento pelo caráter obrigatório (isto é, submetido a uma obrigação moral) de uma conduta. E o centro de gravidade da interpretação no plano epistemológico deverá ser deslocado da análise da causalidade dos comportamentos para a da racionalidade, como vimos no capítulo 1 da parte 2.

N.B. 1: Essa contradição entre natural e anormal que atravessa o homem é insólita, tanto do ponto de vista teórico quanto do ponto de vista epistemológico. Como um mesmo indivíduo pode estar ao mesmo tempo submetido a leis imutáveis e aberto ao anormal? Isso lembra, principalmente, uma aporia, pois, em primeira intenção, a contradição é antagônica: um comportamento não pode, ao mesmo tempo, ser regulamentado pela natureza e ser da jurisdição da liberdade. Uma coisa não pode ser verdadeira ao mesmo tempo que seu contrário.

Certos autores concluem dessa aporia que a liberdade é apenas uma ilusão, um erro de análise pré-científica, e que tudo o que é humano poderá um dia ser repatriado ao primado das ciências experimentais.

N.B. 2: Para forjar uma teoria do fator humano, a questão epistemológica da liberdade é, pois, inevitável. Toda esta análise, evidentemente, não teria mais objeto se concluíssemos aqui, em concordância com os autores, pela negação da parte que diz respeito à liberdade nas condutas humanas. Adotar a posição cética sobre a liberdade tem conseqüências significativas, pois sem liberdade não há mais escolha intencional; haverá, apenas, respostas estocásticas. Não haverá mais, então, responsabilidade. Nesse caso, não pode, igualmente, haver erro humano nem falta. De uma certa maneira, não é o nosso projeto de pesquisa que é caduco, é a própria questão do fator humano que não tem mais sentido. É preciso, então, estudar o fator humano como se estuda a glicorregulação, ou a regulação do tônus postural. Se defendemos essa tese, não temos mais o direito de enfrentar processos na justiça por acidente industrial, por crime de morte ou por uma decisão política.

N.B. 3: Se, ao contrário, admitimos que as condutas humanas decorrem, pelo menos em parte, do anormal e da liberdade, quais são as conseqüências para a concepção do fator humano? Abrir um lugar para a liberdade é admitir que o comportamento humano não é sempre cientificamente predizível. O comportamento não pode ser analisado exaustivamente pela experimentação. Só pode ser objeto de conjecturas argumentadas. Essas conjecturas são, entretanto, cientificamente justificáveis, pois, se os comportamentos não obedecem a leis, eles são, mesmo assim, submetidos à racionalidade. A condutas racionais responde-se com argumentos racionais. Retornaremos a este ponto. Do ponto de vista metodológico, a contradição entre necessidade e liberdade traduz-se por uma distinção na ordem da objetividade. Ao lado da objetividade das causas de um comportamento demonstrado pela experimentação, é preciso considerar a objetivação das razões de agir, pela argumentação após fato. A diferença está, então, entre duas noções que procedem de encaminhamentos de mesma direção mas de sentidos opostos: objetividade e objetivação.

Nessa perspectiva, é possível compreender como as condutas humanas estão submetidas à exigência de leis e como, entretanto, contribuem para fazer evoluir essas leis. Disso resulta que o fator humano é marcado pelo selo do histórico, do social, do contextual, contrariamente ao que afirma a doutrina dos *human factors* relembrada no capítulo 1 da parte 1.[5]

N.B. 4: Soluções teóricas foram propostas para dar conta dessa bipertença do humano ao determinismo e à liberdade. Essa questão é conhecida como monismo-dualismo entre o espírito e o corpo, ou entre o psíquico e o soma. É essencial para discutir tanto as condutas ordinárias quanto as patologias mentais e somáticas (Davidson, 1970 e 1982; Billiard, 1994). Assinalaremos apenas uma incidência dessa bipertença na concepção do fator humano: a contradição entre a pertença ao mundo da natureza e a pertença ao mundo do espírito coloca o homem em uma situação existencial difícil. Ele está constantemente dividido entre aquilo que ele quer e aquilo que ele pode, entre o que ele deseja e o que ele deve. Essa contradição reflete-se em todas as situações ordinárias, inclusive nas situações de trabalho. No trabalho, o homem não pode ser considerado unificado e coerente. Está, ao contrário, sempre dividido e angustiado por esse conflito interno jamais resolvido, o que, a rigor, implica considerar a dimensão psicoafetiva na teoria do fator humano.

---

[5] A noção de competência, freqüentemente evocada a propósito do fator humano, não escapa a esta análise. A competência não pode ser naturalizada. Ela depende do contexto ético e social. Ela está situada, ela depende tanto do sujeito quanto do outro; tanto do outro no singular quanto do outro no plural, ou seja, do coletivo. A competência é coletiva antes de ser individual, o que causa impactos significativos no conceito de fator humano. Não entraremos na discussão da noção de competência, que, todavia, atualmente tende a ser substituída pela noção de qualificação. Na verdade, há uma certa redundância entre a noção de fator humano e a de competência, sobretudo na abordagem em termos de falha. Analisar detalhadamente a noção de competência levaria a retomar uma parte importante do presente estudo sem, todavia, trazer novas perspectivas de análise dos pressupostos. Citamos essa noção apenas para assinalar o perigo que há em "naturalizar" a competência, como se naturaliza, às vezes, o comportamento humano.

Capítulo 3

Ciências empírico-analíticas e ciências histórico-hermenêuticas

Podemos superar a contradição entre ciências da natureza e ciências do espírito quando essa contradição atravessa as próprias ciencias humanas? Muitos autores se esforçaram para tratar essa questão. Para isso é necessário, inicialmente, proceder a uma mudança de nível de análise. É preciso renunciar a analisar a questão no nível das disciplinas e colocar o problema em termos de encaminhamentos científicos, independentemente dos conjuntos de disciplinas constituídas.

Distinguiremos, então, dois encaminhamentos científicos fundamentais definindo não as disciplinas, mas, por abstração, as ciências tidas como puras, estando subentendido que não há, talvez, disciplinas rigorosamente subordinadas ao primado exclusivo de um dos dois encaminhamentos científicos.

Esses encaminhamentos são designados, respectivamente, pelos termos de ciências empírico-analíticas e ciências histórico-hermenêuticas (Habermas, 1976).

O encaminhamento empírico-analítico é, *grosso modo*, o encaminhamento experimental. Não será aqui desenvolvido porque todo engenheiro-pesquisador interessado pelo fator humano o conhece, ou pressupõe-se que o conheça. Retornaremos posteriormente a ele apenas para discutir suas pretensões de explicar o mundo natural, que já geraram muitas esperanças, mas também muitas decepções.

Por outro lado, penetraremos um pouco mais nas ciências histórico-hermenêuticas. A distinção entre esses dois tipos de encaminhamento foi proposta por Habermas em *Conhecimento e interesse*. Ele parte do estudo crítico da obra de Dilthey (1893 e 1947). No paradigma positivista, são os fatos (sociais) que determinam os comportamentos humanos segundo um determinismo cujas leis naturais são o próprio objeto da ciência sociológica. No paradigma construtivista-subjetivista, ao contrário, são os homens os atores que produzem os fatos sociais, por suas ações. Nesta última perspectiva a pesquisa sociológica deveria, ao contrário, estar centrada naquilo que organiza as condutas humanas e se esforçar, então, para edificar uma teoria da ação.

Essa controvérsia entre as duas concepções iniciou-se com o debate entre Durkheim e Dilthey, a propósito das ciências do espírito (Mesure, 1990). A teoria da ação fundamenta-se no postulado da liberdade, da qual a história das sociedades é a expressão mais eloqüente, história que, precisamente, jamais se repete e concretiza, além de tudo, o combate entre liberdade e exigência. Dilthey parte do problema da liberdade não para torná-lo autêntico, mas para recuperá-lo. A liberdade é, talvez, uma ilusão. Ocorre que há quem acredite que a liberdade existe. É preciso, pois, suspender a questão da verdade da liberdade e colocar a questão da razão dessa crença, tão amplamente difundida, segundo a qual não existe senão o destino mas, também, um espaço aberto à ação voluntária, deliberada, intencional, responsável.

O problema central para Dilthey é o da história. Como a história é possível? Pode-se fazer uma abordagem científica da história das sociedades? Quais são, então, suas evidências? Para Dilthey, a história só pode ser o feito dos próprios homens e passa pelos homens que a fazem. Assim sendo, não se pode compreender como a história é possível sem compreender, inicialmente, como o homem age. Em seu projeto de fundação das ciências históricas, Dilthey afirma que as bases científicas necessárias às ciências históricas estão na psicologia, isto é, no conhecimento do funcionamento do espírito. Por psicologia é preciso compreender não uma psicologia da afetividade, mas uma psicologia da ação. Trata-se de uma psicologia do homem engajado na sociedade; de uma psicologia do espírito no sentido que esse termo possui na expressão "espírito das leis".

Se a história é possível, é porque os homens pensam sua relação com o mundo. E é a partir do sentido que eles constroem de sua situação que eles organizam sua conduta e sua ação. O problema central é, de agora em diante, o do sentido. Qual o sentido que os homens atribuem ao mundo e a sua situação no mundo? É a primeira questão, pois do sentido dependem as intenções, as ações e, a partir daí, o curso da história. A segunda questão é metodológica: como ter acesso a esse sentido? Quais são as condições metodológicas para elucidar o sentido que os homens constroem de sua situação? É respondendo a essa questão que podemos esperar fundar uma ciência histórica.

Para isso é preciso poder penetrar no mundo subjetivo do ator, em seu mundo vivido (*lebenswelt*). Existe um método para ter acesso a esse mundo do "outro", onde o sentido da situação subjetiva serve de ponto de partida à formação de suas razões de agir? Dilthey coloca como princípio metodológico da compreensão (ou da abordagem compreensiva) a empatia (*eifühlung*), graças à qual o intérprete pode, de certo modo, colocar-se no lugar ocupado pelo "outro". Pela vivência empática subjetiva do pesquisador, é possível fazer a análise e atingir-se, dessa forma, o sentido da situação para o sujeito que a vive e da intenção subentendida em sua ação. Esse encaminhamento é conhecido pelo nome de abordagem compreensiva nas ciências sociais. A partir da obra de Dilthey desenvolve-se, nos países de língua alemã, uma sociologia compreensiva, ligada aos nomes de Georg Simmel (1981 e 1988), Max Weber (1904 e 1919) e depois Alfred Schutz (1987). Os autores que sucedem Dilthey esforçam-se para responder às críticas levantadas pela utilização da empatia como método, considerada como marcada por um psicologismo suspeito. A primeira etapa é ultrapassada pelo próprio Dilthey, que, sensível a essas críticas, introduz o conceito de espírito do texto ou espírito da ação, que não visa mais, especificamente, em primeira linha à intenção do autor ou do ator, mas àquilo que, além de suas intenções singulares, expressa-se ou objetiva-se no texto ou na ação.

Max Weber retoma essa idéia e a torna operatória graças à noção de tipo ideal.

Alfred Schutz, apoiando-se na fenomenologia de Husserl, mostra que é através de uma "tipificação" da ação do outro que conseguimos compreender o sentido e propõe, a partir desse conceito, fundar uma fenomenologia social.

Na seqüência, Gadamer (1960) retoma a teorização de Dilthey em nível propriamente filosófico para analisar as condições de possibilidade da compreensão e da interpretação, isto é, de uma "consciência hermenêutica".

Por fim, Ricœur (1983-85) retoma o problema das relações entre a hermenêutica e a metodologia das ciências sociais. Diferentemente de Gadamer, ele refuta a oposição afirmada por este último entre verdade e método para defender a tese de que a hermenêutica é também um método a partir do momento em que se exerce sobre produções que têm o estatuto objetivo de um texto ou de um monumento. O texto é o traço escrito que faz com que uma obra ultrapasse, em certa medida, a intenção subjetiva de seu autor. Na produção de sua obra, o autor diz mais do que crê dizer. Ele expressa, sem ter clara percepção, uma "consciência aberta aos efeitos da história". No seu futuro, por outro lado, a obra entregue ao público é objeto de leituras e interpretações que revelam o texto e associam a ele significações que não estavam, primitivamente, na intenção do autor. Não obstante, essas significações são de responsabilidade do autor, na medida em que não teriam vindo à luz sem o texto e seu autor.

Assim, o texto tem todas as características da ação: objetividade e objetivação. Por outro lado, a própria ação funciona como um texto que se constitui, de certa forma, em modelo.

Dessa forma, o espírito do texto, bem como o espírito da ação, reveste-se de uma forma concreta, graças à qual é possível engajar-se um trabalho de objetivação. O trabalho de objetivação passa pela análise semiológica do texto, que decorre exclusivamente do método lingüístico.

A abordagem compreensiva, que caracteriza as ciências histórico-hermenêuticas, atribui pois à linguagem um lugar central a partir do qual é possível construir uma metodologia de análise científica, comparável a toda análise de um fato no mundo objetivo. A análise estrutural ou semiológica do texto, decorrendo da análise da língua, permite em seguida retornar, via análise do discurso, à interpretação do sentido. Assim, "a hermenêutica é uma teoria das operações da compreensão em sua relação com a interpretação dos textos" (Ricœur, 1986).

CAPÍTULO 4

Relações entre ciências da natureza e ciências do espírito

Após ter relembrado as distinções entre ciências da natureza e ciências do espírito, ou melhor, entre ciências empírico-analíticas e ciências histórico-hermenêuticas, tentaremos destacar aquilo que hoje é admitido como fundamento epistemológico das ciências histórico-hermenêuticas. Pode parecer aos pesquisadores especialistas em ciências experimentais que o estatuto das ciências histórico-hermenêuticas é fraco em face das ciências empírico-analíticas. Entretanto, aqueles que aceitam a legitimidade das discussões que foram aqui brevemente traçadas certamente desejarão saber como a contradição epistemológica entre os dois tipos de ciências é hoje assumida pela comunidade científica. A contradição é irredutível ou contornável?

Iniciaremos pela síntese proposta por Paul Ricœur para pôr fim à oposição entre os dois tipos de ciências. Proporemos, enfim, uma resposta ligeiramente distinta da de Ricœur.

A concepção de Ricœur

Ela parte de um vasto empreendimento de reinscrição progressiva da teoria do texto na teoria da ação (Ricœur, 1986:8). É sobre o texto e seus análogos que se exerce, de forma eletiva, o encaminhamento hermenêutico.

Ora, a hermenêutica, na tradição clássica até Gadamer, é o encaminhamento que fundamenta a abordagem compreensiva, isto é, que permite ultrapassar o desafio da compreensão do sentido de um texto ou de uma ação. Assim, forjou-se a partir da obra de Dilthey, abordada anteriormente, uma oposição entre dois termos que são, ao mesmo tempo, dois programas de pesquisa: explicar ou compreender.

Ricœur examina o destino da oposição entre os dois tipos de encaminhamentos à luz dos conflitos das escolas contemporâneas. "A noção de explicação deslocou-se. Ela não é mais herdeira das ciências da natureza, mas de modelos propriamente lingüísticos", enquanto Dilthey chamava de explicação o modelo de intelegibilidade tomado de empréstimo às ciências da natureza (1986:137). Trata-se, pois, de certa forma, de estabelecer, pela hermenêutica, a validade universal da interpretação, base de toda certeza histórica (1986:144).

"Essa transposição de um modelo lingüístico à teoria da narrativa verifica, exatamente, a observação [...] segundo a qual a explicação não é mais um conceito emprestado das ciências da natureza e transferido para um domínio estranho, o dos monumentos escritos; ela é originária da mesma esfera de linguagem, por transferência analógica das pequenas unidades da língua (fonemas, lexemas) às grandes unidades superiores da frase, tais como narrativas, folclores, mitos. Se ainda é possível dar um sentido à interpretação, não o será pelo confronto com um modelo exterior às ciências humanas; ela estará em debate com um modelo de intelegibilidade que pertence desde o nascimento, se pudermos assim nos expressar, ao domínio das ciências humanas e a uma ciência de ponta desse domínio: a lingüística. Será, então, sobre o mesmo terreno, no interior da mesma esfera da linguagem, que explicar e interpretar estarão em debate" (1986:151).

O ponto de vista de Ricœur é, então, o de reportar o explicar à lingüística e não à matemática, o que permite repatriar a base da explicação para as ciências humanas e de se libertar da heteronomia inerente a todas as tentativas positivistas anteriores, da matematização das ciências humanas, notadamente em psicologia, com a psicometria por exemplo, ou mais comumente, com a psicologia abstrata (Politzer, 1928).

Esta viragem é capital para a teorização do fator humano, que por isso deveria, para poder dar conta do mundo humano da ação, integrar em sua modelização conceitos extraídos da semiologia e da semântica, isto é, conceitos lingüísticos, qualitativos, cuja validade fundamenta-se no rigor da análise estrutural e da lógica que articula os diferentes elementos da explicação.

A problematização do fator humano nessa perspectiva epistemológica implica recorrer a análises e demonstrações qualitativas.

"A teoria do texto [nas ciências histórico-hermenêuticas] oferece um bom ponto de partida para uma revisão radical do problema metodológico, porque a semiologia não nos permite dizer que os procedimentos explicativos são estranhos ao domínio do signo e importados do domínio vizinho das ciências da natureza. Novos modelos de explicação apareceram e são do próprio domínio dos signos — lingüísticos e não-lingüísticos. Esses modelos, como sabemos, são mais freqüentemente de estilo estrutural que genético, isto é, apóiam-se em correlações estáveis entre unidades discretas ao invés de consecutivas [quer dizer, relações de causa e efeito em cadeia no tempo] regulares entre acontecimentos, fases ou estados de um processo. Uma teoria da interpretação tem, de agora em diante, um face-a-face que não é mais naturalista mas semiológico" (Ricœur, 1986:164; ver também p. 201-2 e 206-7).

Enfim, é possível fazer, nas ciências sociais, um retorno da hermenêutica do texto ao método explicativo e fundamentar assim um paradigma: "Inicialmente, o modelo estrutural, tomado por paradigma de explicação, pode ser estendido além das entidades textuais a todos os fenômenos sociais, porque sua aplicação não está limitada aos signos lingüísticos, mas estende-se a toda sorte de signos apresentando uma analogia com os signos lingüísticos. O elo intermediário da cadeia que liga o modelo do texto e os fenômenos sociais é constituído pela noção de sistemas semiológicos (...) é preciso dizer, segundo essa função generalizada da semiótica, não somente que a função simbólica é social, mas que a realidade social é fundamentalmente simbólica" (1986:209).

Portanto, na proposição de Ricœur não há mais lugar para a oposição entre explicar e compreender e é possível estabelecer procedimentos científicos que permitam chegar à validade universal das interpretações do sentido de uma conduta ou de uma ação. O estatuto científico forte desse método corresponde à expulsão do subjetivismo e do psicologismo para fora do campo hermenêutico.

Assim, a oposição entre ciências da natureza e ciências do espírito, identificada à oposição entre explicar e compreender, pode ser desembaraçada das escórias subjetivas, ao preço, todavia, de uma refundamentação epistemológica e metodológica das ciências históricas ou hermenêuticas e, mesmo que elas adquiram um estatuto científico forte, não se tornarão, fundamentalmente, menos distintas das ciências empírico-analíticas.

A sociologia da ciência

O encaminhamento de Ricœur consiste em construir uma articulação original entre explicar e compreender no domínio das ciências histórico-hermenêuticas, isto é, de realçar um campo aberto à análise objetiva, no interior de um encaminhamento hermenêutico. Ricœur lança, de certa forma, os fundamentos científicos de uma hermenêutica renovada pela semiologia moderna, o que confere às ciências histórico-hermenêuticas um estatuto epistemológico comparável, em dignidade, ao das ciências empírico-analíticas.

Mas a diferença entre esses dois tipos de ciência não é apagada. A "sociologia da ciência" traz hoje novos argumentos (Latour & Woolgar, 1979; Shapin & Schaffer, 1985; Lynch & Woolgar, 1988).

Segundo essa abordagem, as relações entre, de um lado, as leis extraídas da física, da química e da biologia e, de outro, a natureza estão em questão. As leis não estão na natureza, elas são, ao contrário, o fato de uma construção intelectual dos cientistas. O evidenciamento de uma lei procede, na verdade, de uma argumentação submetida à discussão da comunidade científica. Peças-chave dessa argumentação, as experimentações procedem sempre de uma certa redução do mundo real por necessidade de demonstração: isolamento de um fenômeno em relação àqueles aos quais ele está ligado na natureza; construção das condições artificiais da experiência; resultados, enfim, que serão, por sua vez, objeto de uma interpretação e de uma discussão. A cada etapa do processo de argumentação, é necessário construir um consenso da comunidade dos pesquisadores, o que é sempre difícil pois cada experiência deixa um resíduo contraditório com as conclusões. Dessa forma, ao final, uma lei só tem valor pela intermediação do julgamento dos outros (a comunidade de pertença). Esse julgamento é suscetível de variar em função de múltiplas considerações que não decorrem apenas dos fatos, mas da interpretação dos fatos e mesmo da escolha, dentre os fatos, dos que serão mantidos como significativos ou descartados como não-significativos. Um bom exemplo desse processo evolutivo é apresentado a propósito da identificação das causas das doenças infecciosas (Fagot-Largeault, 1986).

Em outros termos, as experiências inscrevem-se como argumentos em uma retórica de interpretação científica, cujas regras evoluem historicamente. Quanto às leis, elas não são inerentes à natureza — natureza que a pesquisa científica permite descobrir. Elas corresponderiam, antes de mais nada, a modalidades descritivas do mundo. A própria ciência funcionaria como uma "prática discursiva", aberta, por sua vez, à análise semiológica e estrutural que foi abordada a propósito da hermenêutica dos textos. Ao final, nessa perspectiva, as ciências experimentais decorreriam da hermenêutica tanto quanto as ciências humanas e sociais.

Assim, a análise da ciência, de sua produção e de seu mundo (a co-comunidade científica) conduz a utilizar um método comparável à análise sociológica de um povo, de uma etnia ou de uma nação. A teoria do conhecimento científico necessita, pois, de uma teoria da sociedade dos cientistas. Assim, do ponto de vista epistemológico, é forçoso reconhecer o primado do encaminhamento histórico-hermenêutico sobre o encaminhamento empírico-analítico, que ignora, às vezes, a incidência das condições sócio-históricas de sua construção sobre a relatividade de seus predicados.

Davidson e a pesquisa sobre a verdade

A análise anterior atribui um privilégio à "construção" na pesquisa sobre a verdade científica. Mas o "construtivismo" radical tem seus inconvenientes: corre o risco de favorecer um desvio progressivo em direção ao relativismo, até mesmo em direção ao ceticismo, isto é, em direção a uma posição epistemológica segundo a qual o procedimento científico poderia ou deveria prescindir de toda referência à verdade. Foi a propósito dessa questão que irrompeu a controvérsia desencadeada por Sokal e colaboradores, que redigiram um verdadeiro inquérito contra inúmeros pesquisadores e filósofos envolvidos com a epistemologia construtivista (em especial os franceses), acusados de fundamentar suas demonstrações em evidentes contraverdades.

Não entraremos nesse debate que assume hoje uma forma muito polêmica.

Por outro lado, mencionaremos uma outra abordagem do problema da verdade que não se limita a fundamentar a verdade na "correspondência" entre um enunciado científico e a realidade de um estado de coisas no mundo objetivo. Essa abordagem tem sua origem na filosofia da linguagem. Parte de uma questão sobre aquilo que, na linguagem, permite que uma proposição seja considerada verdadeira, mesmo quando diz respeito a um conteúdo muito simples (e não somente quando se refere a um conhecimento científico). De fato, a filosofia da linguagem mostra que, para que a comunicação entre os seres humanos seja possível, é preciso aventar a hipótese de que, na linguagem, certos enunciados têm uma propriedade de verdade. Se assim não fosse, a linguagem produziria apenas desordem entre os seres humanos. Em outras palavras, para que seja possível uma intercompreensão, é preciso que certas frases mantenham uma relação com a verdade. O problema da verdade se desloca, então, em direção à caracterização lingüística das frases verdadeiras.

"É preciso ainda que, no deslocamento da investigação em direção à análise lógica dos elementos formais da linguagem, não se dissocie aquilo que analisa fatos de linguagem daquilo que é a análise dos fatos dos quais fala a linguagem. O que tem que ser compreendido é, sempre, o sentido de proposições susceptíveis de receberem a sansão de verdadeiro ou de falso; o sentido é sempre definido como aquilo que entra nas condições de verdade. Excludente, a preocupação com o formal conduz à substituição de construções sintáticas por objetos reais de ciência" (F. Jacques, 1968).

Podemos, todavia, controlar esse risco se dispusermos, antecipadamente, de uma teoria semântica da verdade. Tarski foi o primeiro a formular tal teoria. As frases que enunciam o verdadeiro e que têm em comum uma estrutura lógica semelhante foram caracterizadas por Tarski como frases-*T*. A teoria formal da verdade que ele propôs é conhecida pelo nome de "convenção *T*" de Tarski (1933) e se enuncia da seguinte maneira: *X* (por exemplo a proposição "a neve é branca") é verdadeiro quando e somente quando *f* (a neve é branca). Dito de outra forma, a verdade de uma frase em uma linguagem só pode ser enunciada numa linguagem de nível superior. Segundo Davidson, que retoma essa questão em 1970 em um texto intitulado "Para defender a convenção *T*", "a convenção *T* e as frases-*T* fornecem o único vínculo que existe entre verdades intuitivamente evidentes sobre a verdade e a semântica formal".[6]

Interessa fazer a análise lingüística a fim de se simplificar o problema da verdade estudando-a, inicialmente, no nível de sua estrutura lógica e não no da correspondência entre o enunciado e o mundo: "A convenção *T* mostra como se pode formular a questão da origem" [em que consiste, para uma frase (uma enunciação ou um enunciado) o fato de ser verdadeira] sem passar pela análise da correspondência. "A forma das frases-*T* indica que uma teoria pode caracterizar a propriedade de ser verdadeira sem ter que encontrar entidades às quais correspondam, de forma diferenciada, frases que possuam a dita propriedade" (Davidson, 1970:114).

Caso se tenha uma teoria da verdade na linguagem, que é oferecida pela "convenção *T*" de Tarski, torna-se possível precisar em que consiste essa "simplificação" do problema da verdade: "depreende-se claramente de uma teoria da verdade que certas frases são verdadeiras, unicamente, com base nas propriedades atribuídas às constantes lógicas" (p. 115).

Ora, essa propriedade da verdade estaria na própria base do processo de *significação* e além da possibilidade mesma da comunicação

---

[6] Davidson, 1970:109. Quer dizer, a análise formal do sentido das palavras e das frases em lingüística.

ou da intercompreensão (entre os seres humanos em geral ou entre cientistas).

A contribuição da filosofia da linguagem para a questão da verdade permite ultrapassar o relativismo e fundamentar, de outro modo que não apenas com a prova experimental clássica, a dimensão "positiva" de um enunciado científico. Essa abordagem fundamenta *teoricamente* a possibilidade de um enunciado verdadeiro. No plano *prático*, ela remete ao exercício da discussão científica — a única capaz, através da crítica das interpretações, de produzir novos enunciados verdadeiros.

Será possível, então, após essa digressão, retornarmos à questão do fator humano e às condições que satisfazem a análise científica para entender as condutas humanas nas situações de trabalho? Ou, em outros termos, se presumirmos ser possível elaborar uma teoria da verdade, essa possibilidade significa que seria possível, teoricamente, nos encaminharmos um dia para uma análise não-relativista dos predicados sobre as condutas humanas em situação de trabalho?

Anscombe e a "verdade prática"

É o que sugere a noção de "verdade prática" proposta por Anscombe e argumentada por Pharo, a partir do qual seguiremos os comentários. Segundo Anscombe, poder-se-ia dizer "esta ação é verdadeira", "esta ação é falsa", da mesma forma que dizemos "este enunciado é verdadeiro", "este enunciado é falso"; e não só como é mais habitual "esta ação é justa", "esta ação é injusta". A noção de verdade remete aqui a um *julgamento* de validade da *coerência*: coerência entre duas dimensões da ação, uma que remete ao agente e outra, à ação; uma que remete ao desejo do agente e outra, à verdade de um julgamento que a ação mesma realiza.

Essa teoria da verdade prática supõe introduzir ou explicitar, na teoria da ação (inicialmente formulada por Aristóteles), dois elementos que estão aí presentes mas, ao menos parcialmente, em estado implícito.

◘ O primeiro elemento é, sem dúvida, o mais difícil de ser compreendido. Ele corresponde, então, a uma dimensão essencial da ação para aquele que se preocupa com a noção de fator humano: a dimensão que resulta de uma ação (ou de uma conduta) de um agente, ou seja, aquela do *desejo* (*orexis*). Anscombe duvida de que apenas o pensamento ou o julgamento possa constituir uma "causa" suficiente para mobilizar o sujeito à ação. Davidson estuda, a esse respeito, sob o título de "fraqueza da vontade", a distância que separa o julgamento da vontade. Aquilo que, definitivamente, mobiliza o sujeito é o seu desejo, não obstante o julgamento guiar ou orientar o sentido da ação.

Mas o desejo deve aqui ser compreendido com a complexidade que lhe atribuiu Aristóteles, isto é, não só como uma veleidade, mas se inscrevendo em uma orientação geral, habitual (*hexis*) do sujeito, em um querer prático do bem. Há, então, na *orexis* uma parte pensada e elaborada conscientemente. Por outro lado, a *orexis* supõe a existência "de uma espécie de premissa última, que guiaria o desejo de todo ser humano, "de uma maneira obscura e indeterminada" (Anscombe) e que seria uma premissa da felicidade ou do "bem-fazer" (Pharo).

Essa premissa atua sobre as coisas das quais depende o "caráter moral habitual" do sujeito e constitui um componente da *orexis*.

▫ A segunda dimensão da ação é dada por Anscombe na "teoria da ação sob uma descrição", "que estipula a idéia de que o sentido da ação está intrinsecamente ligado a uma descrição possível dessa ação" (e do mundo no qual ela se desenvolve), "emanando de um terceiro, mas sobretudo do próprio agente" (Pharo). Essa teoria permite compreender como propriedades lógicas figuram no interior da própria ação. As escolhas que conferem a uma ação seu caráter *moral* são, de fato, estabelecidas a partir de julgamentos que, como todo julgamento, podem ser verdadeiros ou falsos" (Pharo).

Uma "verdade prática" é constituída quando entram em acordo a verdade dos julgamentos e a realização da *orexis*.

"A verdade prática é uma verdade posta a trabalhar na ação pelo desejo" (Pharo).

Segundo essa concepção, "não são as descrições da ação que têm importância, mas principalmente a capacidade da ação de tornar certas descrições verdadeiras e outras falsas" (Pharo, p. 210).

Segundo Pharo, a principal vantagem da hipótese de Anscombe é que, "ao mesmo tempo em que faz a distinção entre ordem lógica e ordem prática (...), fornece (...) os meios para pensar a presença de uma lógica na prática".

Por um lado, embora essa hipótese atribua uma função capital à *orexis* (o desejo estruturado pelo caráter moral do sujeito e a premissa do "bem-fazer"), não é de forma alguma circular. A despeito de seu caráter moral, o sujeito pode muito bem se mostrar fraco, não respeitando, por exemplo, sua própria escolha moral. Por outro lado, ele pode se enganar, na medida em que seu desejo às vezes conta com falsos julgamentos. Ele pode também escolher o mal. Em outras palavras, é a própria ação que valida ou invalida a regra lógica implícita do acordo a ser obtido entre *orexis* e julgamento. Assim, a ação está livre de sua regra, o que permite aplicar, em seu lugar, os predicados de verdadeiro e falso.

Conclusão

Na discussão epistemológica sobre a noção de fator humano, conseguimos, após muitas etapas, ultrapassar as contradições entre os dois grupos de pressupostos que havíamos realçado no início desta obra e que pareciam incompatíveis. Assinalemos, todavia, que é partindo de uma *epistemologia da ação* que se pode pensar essa ultrapassagem e não a partir de uma epistemologia dos fatos no mundo objetivo. Dito de outra forma, a ultrapassagem é possível graças a uma epistemologia que trabalha prioritariamente sobre o vínculo que o sujeito constitui com o mundo, pelo seu agir, isto é, graças a uma epistemologia que não busca eliminar a subjetividade da teoria da verdade.

Na atividade comum das instituições cientíicas e técnicas, entretanto, a unificação epistemológica dos encaminhamentos científicos tem poucas implicações, e a divisão tradicional entre ciências da natureza e ciências do espírito permanece. Quaisquer que sejam os avanços efetivos das ciências humanas pelo território das ciências da natureza, isso não resolve, fundamentalmente, os problemas práticos colocados pela pesquisa sobre o fator humano. O reducionismo, que consiste em assimilar as leis estabelecidas pelas ciências empírico-analíticas à realidade do mundo natural, perdura aqui e lá.

Se o positivismo resiste à crítica epistemológica, é por motivos mais ideológicos do que científicos. Entretanto, uma distinção deve ser feita: os cientistas que se voltam para a epistemologia e a filosofia não defendem, já há algum tempo, o postulado positivista. Por outro lado, os cientistas voltados para a prática e com responsabilidades no mundo da produção permanecem, freqüentemente, ligados à crença positivista. Entre as razões da resistência a essa crença, em particular entre os engenheiros, não se pode levar em conta apenas a formação inicial que lhes foi ministrada nas faculdades, principalmente na França.

Há uma outra razão que parece importante e que diz respeito à psicologia dinâmica. As inovações tecnológicas, tanto no domínio industrial (químico, nuclear) quanto no domínio dos serviços (tratamento de doentes hospitalizados, investimentos financeiros bancários, por exemplo), implicam freqüentemente riscos, às vezes perigosos. Para muitos executivos responsáveis, esses riscos não são aceitáveis e justificáveis, a não ser que se reafirme a plausibilidade de uma adequação entre a ciência e o mundo (trata-se, aqui, de uma estratégia coletiva de defesa dos executivos) (Dejours, 1992).[7]

A utopia positivista é, de fato, de grande poder para a ação, como argumento da decisão. É freqüentemente em seu nome que se corre o risco de introduzir novas tecnologias. Estas, quando funcionam sem grandes preocupações, reforçam o postulado positivista.

Mas, então, por que as novas técnicas funcionam, se o postulado positivista é falso? É uma questão desconcertante, porém fácil de ser respondida. As "novas tecnologias" fazem surgir dificuldades imprevistas que a ciência não sabe prever. Estas últimas são minimizadas, ou mesmo negadas. Como? Graças ao trabalho: trabalho como "tapa-buraco", como substituição, ante as distâncias entre a predição científica e a realidade ocorrente; o trabalho, como atividade e como ação humanas, mobiliza a inteligência da prática (*métis*) e a sabedoria prática (*phronésis*) para enfrentar aquilo que não é dado pela organização prescrita do trabalho... e ser concretizado!

A elucidação dos fatos, pela análise epistemológica, é indispensável ao pesquisador que, engajado na investigação do fator humano, quer proceder a uma estimativa dos recursos que se podem esperar hoje da teoria do conhecimento. As conclusões a que se chega através desse encaminhamento teórico e epistemológico são as seguintes:

❐ A contribuição da epistemologia permitiu tornar inteligíveis as contradições com as quais a pesquisa sobre o fator humano debate-se há 50 anos.

Mas é raro que a discussão epistemológica permita extrair conclusões dos debates sobre a interpretação e a metodologia quando elas se situam, realmente, na vanguarda da pesquisa e das questões vivas colocadas na pesquisa de campo. Nesse nível, a crítica epistemológica deve ser suspensa para dar lugar à prova da realidade.

❐ Por outro lado, o olhar epistemológico e a análise crítica dos pressupostos próprios à pesquisa sobre o fator humano sugerem que o conceito de trabalho conserve um lugar decisivo em toda teorização. Daí a importância dos debates sobre os novos conceitos de trabalho (Freyssenet, 1994; Kergoat et alii, 1998).

---

[7] N. do T.: A respeito das estratégias coletivas de defesa dos executivos, ver também Dejours, C. et alii. *Psicodinâmica do trabalho — contribuições da escola dejouriana à análise da relação prazer, sofrimento e trabalho*. São Paulo, Atlas, 1994. caps. 3 e 4.

EPÍLOGO

Incidências da análise teórica e epistemológica dos pressupostos da pesquisa sobre o modelo de homem nas concepções do fator humano

Este último capítulo não constitui nem uma síntese, nem uma conclusão. Os elementos reunidos neste texto foram apresentados, no seu decorrer, sob a forma de uma discussão, ou melhor, de um diálogo ou de uma controvérsia: entre duas abordagens do fator humano (em termos de falha ou de recurso); entre diversas disciplinas e teorias (sociologia, ergonomia, psicologia, antropologia); entre correntes epistemológicas (encaminhamento empírico-analítico e encaminhamento histórico-hermenêutico). Essa discussão reflete o modo de funcionamento efetivo da comunidade científica e deixa aparecer pontos de vista contrastantes. O objeto deste opúsculo não é extrair conclusões do debate, nem de propor uma síntese na qual, aliás, é ilusório acreditar. O objetivo é propor uma introdução a essa discussão àqueles que se preocupam em fazer evoluir a análise do fator humano no trabalho, para mostrar, igualmente, que uma posição intermediária ou mediana não é justificável, pois apagaria contradições inconciliáveis.

Nem síntese nem conclusão, mas, após o diálogo, um epílogo onde se examina o que se pode extrair da análise dos pressupostos teóricos e das questões epistemológicas para a conceitualização do fator humano no trabalho. Não se trata mais, agora, de examinar as condutas humanas no trabalho que nos levaram à teoria da ação, mas de retornar ao modelo de homem do qual necessita a teoria do fator humano.

Conseqüências da análise teórica

Do itinerário teórico através das ciências do homem no trabalho, destacaremos que as teorias do fator humano devem levar em conta três dimensões, irredutíveis umas às outras, do funcionamento humano.

Dimensão biocognitiva, ou o real do corpo

O fator humano implica o conhecimento das exigências e dos limites do funcionamento do corpo biológico. Nem todos os desempenhos são possíveis; a melhoria dos recordes encontra limites sobre os quais sem dúvida é possível obter-se progressos pela aprendizagem, sem que se possa, todavia, esperar saltos consideráveis. Por comparação aos progressos obtidos no domínio dos computadores no mundo das máquinas, o corpo funciona como um limite não ultrapassável.

Por corpo biológico é preciso entender, ao mesmo tempo, aquilo que diz respeito à fisiologia das regulações e aos processos cognitivos, que a psicologia cognitiva e as neurociências hoje se esforçam em descrever e analisar. No domínio do ajustamento da relação entre o corpo biocognitivo e o instrumento de trabalho, progressos importantes foram feitos nos últimos 40 anos graças, principalmente, à ergonomia fundamentada na primeira interpretação do fator humano, na corrente chamada *human factors*.

Um melhor conhecimento do funcionamento fisiológico e dos desempenhos físicos e cognitivos, ordinários ou médios, permite melhorar a relação que diz respeito à segurança das pessoas e instalações, graças essencialmente à eliminação de erros grosseiros nas prescrições e nos procedimentos que privam o homem de desempenhos pouco prováveis ou não-razoáveis.

Esse conhecimento permite igualmente multiplicar as automatizações e as diferentes formas de assistência ao trabalho de homens e mulheres. Mas lá também, inevitavelmente, encontram-se limites; nem tudo pode ser automatizado:

p pois os automatismos devem ser inventados, isto é, passam por intervenções humanas igualmente falíveis;

p porque os automatismos são, eles próprios, sujeitos a falhas e podem emperrar ou entrar em disfuncionamento, o que supõe uma manutenção, ela também geradora, a cada etapa de progressão da automação, de novas atividades e competências, que por sua vez estão submetidas a limites humanos específicos;

◻ finalmente, porque qualquer que seja a extensão da automatização e de seus progressos, ela só pode conquistar modos operatórios estandardizados ou estandadizáveis. Desse modo, a automatização só ganha da parte mais conhecida ou mais fácil de ser conhecida, da atividade. Ela empurra para as margens aquilo que escapa, de um lado, à descrição e à estandardização e faz aparecer, de outro, novas tarefas que dizem respeito à regulação dos automatismos. Esses resíduos, de um lado, e esses novos problemas, de outro, estão concentrados no nível do que chamamos de "conduta" ou "pilotagem" das instalações ou dos fluxos. E, nesse nível, os problemas específicos de trabalho, no sentido da distância entre prescrito e real, entre os procedimentos e as decisões, concentram-se em um pequeno número de pessoas que se tornam o ponto nevrálgico do processo de produção. Ora, essas dificuldades são inexoráveis. Só podem ser deslocadas progressivamente, mas não podem ser apagadas. Mais especificamente, podem ser concentradas espacial e quantitativamente em um número cada vez mais restrito de pessoas, mas estas não podem eliminá-las.

Os progressos alcançados nesse domínio, mesmo avançando, não permitem resolver o problema do fator humano. Isso quer dizer que eles não permitem prescindir do homem para a produção. Ao contrário, teme-se que a tendência à concentração dos problemas práticos, causados pela distância entre prescrito e real, em um número cada vez mais restrito de pessoas, conduza a um agravamento das dificuldades geralmente associadas ao fator humano. Temos que além de um certo limite, a automatização leve a um recrudescimento pejorativo dos problemas levantados pelo fator humano em matéria de confiabilidade e de segurança das instalações. É, pelo menos, uma hipótese que devemos levar em consideração ao termo do percurso que efetuamos através da questão da técnica. Não se trata aqui de uma profecia, mas de um temor sugerido pela análise teórica e epistemológica das questões levantadas pelo conceito de fator humano.

Dimensão intersubjetiva

A segunda dimensão irredutível do conceito de fator humano é a dimensão social intersubjetiva da técnica e do trabalho. O trabalho supõe uma ação coordenada de pessoas que se compreendem, se opõem, lutam entre si ou concordam, sobre a base de princípios que não decorrem apenas da técnica, mas também da ética, dos valores e das crenças.

Mesmo supondo que se possa generalizar as conjunturas locais ou regionais onde acordos estáveis e reiteráveis seriam possíveis e realizados, não teríamos ainda resolvido todos os problemas levantados pelo fator humano.

Dimensão da mobilização subjetiva

Resta a dimensão irredutível do engajamento de homens e mulheres no objetivo de produção e no agir: trata-se, aqui, da mobilização subjetiva das personalidades e das inteligências nos atos de trabalho, isto é, a dimensão subjetivo-psicológica, também irredutível a toda conceitualização do fator humano.

Conseqüências da análise epistemológica

Limites da noção de fator humano

Não dispomos de conhecimentos científicos que permitam construir um encaminhamento unindo, em uma problemática comum, essas três dimensões do fator humano. Querer-se-ia com isso dizer que o fator humano choca-se com uma aporia que, ao invés de ser um conceito, não passa de uma abstração, de uma ficção, composta de dimensões definitivamente heterogêneas? Ou querer-se-ia com isso dizer que a noção de fator humano é apenas um meio de colocar-se questões e de recuperar o que elas têm de insolúvel? Devemos renunciar a um conceito de fator humano como resposta aos problemas colocados pela relação de homens e mulheres às instalações industriais?

Estamos inclinados a concluir pela redução da pretensão teórica e a reconhecer a impotência da ciência em tratar conceitualmente o fator humano, de maneira plenamente satisfatória. Todavia, não é impossível ter em vista um outro uso da noção de fator humano — um uso empírico, porém submetido ao controle, que a teoria torna possível, dos riscos da ilusão de onipotência. O conhecimento não funcionaria aqui como guia da ação, mas como proteção contra os riscos da ilusão de onipotência dos planejadores, tão perigosos quanto os próprios riscos tecnológicos. Por outro lado, um uso crítico do conceito de fator humano permite identificar um alvo específico para a investigação e a ação. Nossa proposta seria a de recuperar um lugar privilegiado onde convergem, no mundo cotidiano do trabalho, as três dimensões irredutíveis da noção de fator humano: dimensão biológica, dimensão social e dimensão subjetiva. Identificar, na clínica da relação humana com a situação de trabalho, um nível onde essas três dimensões do funcionamento humano estão integradas para formar uma entidade que as englobasse.

Fator humano e cooperação

Esse lugar organizador onde convergem os diferentes componentes do fator humano pode ser identificado: trata-se da cooperação. A cooperação é uma conduta coordenada, definida como "a ação de participar de uma obra comum" (dicionário *Robert*). A cooperação supõe um lugar onde, ao mesmo tempo, convergem as contribuições singulares e cristalizam-se as relações de dependência entre os sujeitos. A noção de cooperação remete, como já vimos, ao coletivo de trabalho. Trata-se de uma noção que diz respeito, antes de mais nada, à sociologia. Ligar a noção de fator humano à noção de cooperação é indicar que a dimensão que sobredetermina o fator humano é de ordem sociológica, estando os outros dois componentes, fisiológico e psicológico, em posição secundária. A análise do componente biocognitivo permite conhecer os limites inerentes ao corpo no trabalho, em suas duas dimensões: motora e neurocognitiva. Também permite minimizar os erros cometidos pelos sujeitos no exercício do trabalho, provocados por prescrições irrealistas em relação aos desempenhos ordinários ou médios do organismo humano. A análise do componente psicodinâmico (afetivo e subjetivo) permite conhecer as condições de engajamento do corpo, da inteligência e da personalidade na obra comum e de não maltratar as dimensões do desejo e da vontade de participação dos sujeitos. Mas a cooperação, no que há de essencial, diz respeito à racionalidade moral prática da ação e é particularmente bem esclarecida pela sociologia da ética e pela análise que é proposta do vínculo civil, do sentido da ação e da compreensão do outro (Pharo, 1993).

A cooperação constitui um todo não-redutível à soma das partes. Em outras palavras, a cooperação permite desempenhos superiores e suplementares em relação à soma dos desempenhos individuais. Permite, em especial, que se assumam erros e falhas humanas singulares. Não implica uma natureza humana ideal, nem sujeitos invulneráveis e perfeitamente competentes. A cooperação funciona sem idealização do operador humano. Ela é imanente. Constitui, por outro lado, o nível humano de integração das diferenças entre as pessoas e funciona precisamente como articulação de talentos específicos de cada sujeito. A cooperação é o nível de conjugação das qualidades singulares e de compensação das falhas singulares. É graças à eficiência do coletivo de trabalho que os "erros humanos" podem ser minimizados. Portanto, a cooperação é fundamentalmente o nível de organização das condutas humanas no trabalho, que reconhece o lugar dos erros individuais, mas permite, pelo jogo cruzado das ações, corrigir ou prevenir um bom número de suas conseqüências no processo de trabalho.

Admitindo-se, pois, identificar fator humano com cooperação, pode-se teórica e empiricamente dar suporte ao mesmo tempo às falhas humanas — *errare humanum est* — e à criatividade.

Da qualidade da cooperação depende, portanto, a qualidade do trabalho, a confiabilidade e a segurança, a despeito das imperfeições irredutíveis da organização do trabalho prescrito e dos limites dos desempenhos humanos. Mas a cooperação é, no seu conjunto, muito mal-estudada. Avaliar o fator humano é avaliar a qualidade da cooperação e dos coletivos de trabalho. Em nível teórico, os fundamentos da cooperação começam a ser conhecidos. Mas as análises convencionais do fator humano não visam ao nível das condutas humanas no trabalho; elas permanecem na análise das condutas individuais, o que é insuficiente. No plano concreto, por outro lado, a avaliação do fator humano necessita, a cada vez, estudar a eficiência da cooperação.

Resta, então, a questão dos métodos de análise da cooperação real em situação de trabalho. O encaminhamento que fizemos anteriormente sugere que cada uma das três dimensões da cooperação — biológica, social e psicológica — requer uma metodologia de investigação particular. Entretanto, a cooperação como nível de integração coletivo das condutas singulares deve, além do mais, ser estudada de maneira holística.

No estado atual da pesquisa científica, há sem dúvida duas maneiras de avaliar a eficiência da cooperação em um coletivo de trabalho. A primeira passa por um método objetivo de observação e de quantificação dos desempenhos de trabalho de um coletivo, em termos de quantidade e de qualidade, de sucessos e de erros. Mas essa primeira avaliação não é suficiente, pois se detém nos resultados visíveis e objetivos da cooperação em um momento dado, sem nada dizer sobre a dinâmica subjacente dos vínculos de cooperação entre os sujeitos, nem sobre a compensação dos erros obtidos pelo jogo da mobilização coletiva, que é decisiva para o diagnóstico prospectivo da eficiência da cooperação.

Assim, é necessária uma segunda avaliação, qualitativa, que decorre do método clínico, passando pela palavra dos agentes, visando a caracterizar a qualidade da dinâmica do duo contribuição-retribuição e a dinâmica do reconhecimento que foi abordada no capítulo 3 da parte 1.

Em outras palavras, centrar a noção de fator humano na cooperação dos sujeitos, com vistas a gerenciar a distância entre organização do trabalho prescrito e organização do trabalho real, abre hoje perspectivas de pesquisa originais sobre o fator humano. Essa orientação estaria em ruptura com o programa científico inicialmente proposto pela escola dos *human factors*, que parece hoje bastante comprometida, por um lado, pelo referencial solipsista das análises e, por outro, pelo pressuposto fisicalista sobre a falha humana.

Essa orientação estaria, enfim, em ruptura com o programa das escolas psicossociológicas e permitiria ultrapassar o subjetivismo e o culturalismo, que caracterizam os pressupostos teóricos relativos à noção de "recursos humanos".

Referências Bibliográficas

Ackermann, W. & Bastard, B. Culture de sûreté et modalités d'organisation du travail. Centre d'Analyse de Formation et d'Intervention, Centre de Sociologie des Organisations, CNRS, 1990. 26p. mimeog.

Anscombe, E. Thought and action in Aristotle: what is "pratical truth"? Oxford, Basil Blackwell, 1965. (The Collected Philosophical Papers, 1: *From Parmenides to Wittgenstein.*)

Billiard, I. (dir.). *Psychanalyse et sciences du vivant.* Paris, Eschel, 1994.

Böhle, F. & Milkau, B. *Vom Handrad zum Bildschirm.* München, Campus, Institut für Sozialwissenschaftliche Forschung, 1991.

Bourdieu, P. Ce que parler veut dire. In: *Questions de sociologie.* Paris, Minuit, 1984. p. 95-112.

Boutet, J. Travail sémiotique dans le dialogue. Comunicação ao Colloque d'Analyse des Interactions. Aix en Provence, sept. 1991. 14p., mimeog.; In: Boutet, J. (dir.). *Paroles au travail.* Paris, L' Harmattan, 1995.

────── & Fiala, P. Sociolinguistique ou sociologie du langage? *Critique* (344):68-85, 1976.

Carnap, R. *Der logische Aufbau des Welt.* Berlin, Weltkreis, 1928.

Crozier, M. & Friedberg, E. *L' acteur et le système. Les contraintes de l'action.* Paris, Seuil, 1977.

Daniellou, F. *Le statut de la pratique et des connaissances dans l'intervention ergonomique de conception.* Université Toulouse-Le Mirail, 1992. (Texto de habilitação para dirigir pesquisas.)

Davidson, D. Comment la faiblesse de la volonté est-elle possible? In: *Essays on actions and events.* Oxford, Clarendon Press, 1969.

──────. Mental events. In: Forster, L. & Swanson, J. W. (eds.). *Experience and theory.* Amherst University of Massachusetts Press, 1970. p. 79-101.

──────. Paradoxes of irrationality. In: Wollheim, R. & Hopkins, J. (eds.). *Philosophical essays on Freud.* Cambridge University Press, 1982. p. 282-305.

Dejours, C. Pathologie de la communication, situations de travail et espace public: le cas du nucléaire. In: Cottereau, A. & Ladrière, P. (dir.). *Raisons Pratiques.* Paris, École des Hautes Études en Sciences Sociales (3):177-201, 1992.

———. Intelligence ouvrière et organisation du travail. In: Hirata, H. (ed.). *Autour du "modèle" japonais de production. Automatisation, nouvelles formes d'organisation et de relations de travail*. Paris, L' Harmattan, 1993a. 304p.

———. De la psychopathologie à la psychodynamique du travail. Adendo a *Travail: usure mentale*. 2 ed. Bayard, 1993b. 264p.

Détienne, M. & Vernant, J.-P. *Les ruses de l'intelligence. La metis chez les Grecs*. Paris, Flammarion, 1974.

Dilthey, W. *Einleitung in die Geisteswissenschaften*. 1893.

———. *Die geistige Welt*. Trad francesa: *Le monde de l'esprit*. Paris, Aubier, 1947. 2v.

Dodier, A. Corps et accords. Les événements corporels individuels dans l'organisation collective des ouvriers. *Cahiers du Centre d' Études de l'Emploi*. 1986. p. 91-114. (Número especial: Conventions économiques.)

Dodier, N. Exploits, protestations, expertises: les formes d'expression de l'imperatif de sécurité dans une entreprise. *Prévenir* (19), 1989.

Fagot-Largeault, A. Approche médicale de la causalité dans les systèmes complexes. *Archives Internationales de Physiologie et de Biochimie* (94):85-94, 1986.

Fodor, J. *Representations*. Cambridge, Mass., MIT Press, 1981.

Freyssenet, M. (dir.). Sur le concept de travail. *Sociologie du Travail*. 1994. (Número especial.)

Gadamer, H. G. *Warheit und methode*, 1960.

Goffman, E. *Mise en scène de la vie quotidienne, I: La présentation de soi*. Paris, Minuit, 1973.

Habermas, J. *La technique et la science comme idéologie*. Paris, Payot, 1968.

———. *Connaissance et intérêt*. Paris, Gallimard, 1976.

———. *Théorie de l'agir communicationnel*. Paris, Fayard, 1989. 2t.

Haudricourt A.-G. *La technologie, science humaine*. Paris, Maison des Sciences de l'Homme, 1987. (Recherches d'histoire et d'ethnologie des techniques.)

Jacques, F. Philosophie analytique. In: *Encyclopaedia Universalis*. 1968.

Kergoat, J. et alii. *Le travail aujourd'hui*. Paris, La Découverte, 1998.

Ladrière, J. Herméneutique et épistémologie. In: Greisch, J. & Kearney, R. *Paul Ricœur: les métamorphoses de la raison herméneutique*. Cerf, 1991. p. 107-8.

Ladrière, P. La sagesse pratique. *Raisons Pratiques*. Paris, EHESS (1):15-38, 1990.

——— & Gruson, C. *Éthique et gouvernabilité*. Paris, PUF, 1992.

———; Pharo, P. & Quère, L. *La théorie de l'action; le sujet pratique en débat*. CNRS, 1993.

Latour, B. & Woolgar, S. *Laboratory life: the constructions of scientific facts.* Sage, 1979.

Leroi-Gourhan, A. *Évolution et techniques.* Paris, Albin Michel, 1943-45. 2t.

Lévi-Strauss, C. *La pensée sauvage.* Paris, Plon, 1962.

Lynch, M. & Woolgar, S. Introduction: sociological orientations to representational practice in sciences. *Human Studies* (11):99-116, 1988.

Mauss, M. Les techniques du corps. In: *Sociologie et anthropologie.* Paris, PUF, 1934. p. 365-88.

Mesure, S. *Dilthey et la fondation des sciences historiques.* Paris, PUF (com a colaboração do CNRS), 1990.

Neuberg, M. (dir.). *Théorie de l'action.* Liège, Mardaga.

Pharo, P. *Politique et savoir vivre.* Paris, L' Harmattan, 1991.

―――. *Le sens de l'action et la compréhension d'autrui.* Paris, L'Harmattan, 1993.

―――. *L'injustice et le mal.* Paris, L'Harmattan, 1995.

Pinsky, L. *Concevoir pour l'action et la communication.* Berne, Peter Lang, 1992. (Essais d'ergonomie cognitive.)

Politzer, G. *Critique des fondements de la psychologie.* Rieder, 1928. (Reed. PUF, 1968.)

Quine, W. V. *Ways of paradox.* Cambridge, Mass., MIT Press, 1976.

Ricœur, P. *Temps et récit.* Paris, Seuil, 1983-85. 3t.

―――. *Du texte à l'action.* Paris, Seuil, 1986.

―――. L' identité personnelle et l'identité narrative. In: *Soi-même comme un autre.* Paris, Seuil, 1990. p. 148-50.

Salmona, M. *Les paysans français.* Paris, L' Harmattan, 1994a. t. I.

―――. *Souffrance et résistance des paysans français.* Paris, L' Harmattan, 1994b. t. II.

Schutz, A. *Le chercheur et le quotidien* (Phénoménologie des sciences sociales). Méridiens-Klincksieck, 1987.

Shapin, S. & Schaffer, S. *Leviathan and the Airpump. Hobbes, Boyle and the experimental life.* Princeton University Press, 1985.

Sigaut, F. Folie, réel et technologie. *Techniques et Culture* (15):167-79, 1990.

―――. Aperçus sur l'histoire de la technologie en tant que science humaine. *Actes et Communications.* Inra (6):67-79, 1991.

Simmel, G. *Sociologie et épistémologie.* Paris, PUF, 1981.

―――. *Philosophie de l'amour.* Paris, Rivages, 1988.

Suchman, L. *Plans and situated actions: the problem of human-machine communication.* Cambridge, Cambridge University Press, 1987.

———. Representing practice in cognitive sciences. *Human Studies* (11):305-25. 1988.

Tarski. The concept of truth in formalized languages. In: *Logic, semantics, metamathematics*. Oxford, Clarendon Press, 1956.

Terssac, G. de. Les composants humains de la fiabilité. In: Leplat, J. & Terssac, G. de (dir.). *Les facteurs humains de la fiabilité dans les systèmes complexes*. Octares, 1990. p. 81-188.

Theureau, J. *Le cours d'action: analyse sémiologique*. Berne, Peter Lang, 1992. (Essai d'anthropologie cognitive située.)

Weber, M. *Gesammelte Aufsätze zur Religionsoziologie*. 1904. Band 1.

———. *Wissenschaft als Beruf und Politik als Beruf*. 1919.

Wisner, A. Understanding problem building: ergonomics work analysis. *Ergonomics*, 38(3):595-605, 1995.

———. La cognition et l'action situées: conséquences pour l'analyse ergonomique du travail et l'anthropotechnologie. XII Congrès de l'Association Internationale D'Ergonomie. *Annales*. Toronto, 1994; *Ergonomics*, 1995.

Wittgenstein, L. *Bemerkungen über die Philosophie der Psychologie*, 1980.